福祉は「性」とどう向き合うか

障害者・高齢者の恋愛・結婚

結城康博・米村美奈・武子　愛・後藤宰人

ミネルヴァ書房

まえがき

「介護をしている時におしりや胸を何度も触られた」「時と場所を選べずに自慰行為をしている」「性的体験の事をしつこく聞かれる」「利用者が夜に異性の利用者のベッドに入り込む」「成人雑誌や性具を買ってきてほしいと頼まれる」……、これらは、福祉施設職員や実習生の性にまつわる困惑の言葉である。

福祉は生活支援を業務としており、利用者の生活そのものに関わり、その生活の質の向上を目指している。しかし、その生活の中に含まれているはずの性に関することを利用者のニーズとして真正面から捉えている感が乏しい。たとえば、福祉専門職養成校の講義や演習、専門職の現任者研修において、性に関することを学ぶ機会は極端に乏しい。そして、福祉専門職の国家試験問題に出題されることもない。そうなると、それらについて学ばずに就職して業務に就くことは、通常珍しくないことがわかる。教育現場においても福祉現場においても性に関することは、これまで避けて通ってきたといえるであろう。福祉は生活そのものを支援するとしつつも、利用者の性についてはあえて取り上げてこなかったのが現状である。

一方、近年、高齢者、特に認知症高齢者の性行動が週刊誌においても社会問題として、一般的に取り上げられるようになってきている。高齢者の性に関する特集記事は、週刊誌の売り上げアップが期待できるともいわれ、多くの人々の気になるテーマの一つとなっている。また、性をオープンに語られる文化が日本にはあまりないとはいえ、戦後を乗り越え高度経済成長期に高齢世代となった人々とこれから高齢期を迎えた人々とでは、性に関する考え方や価値観に、世代の差があるのかもしれない。その中で、福祉サービスを利用している高齢者の中には、疾病が要因となって自宅や施設だろうと性的な感情が抑えられない状態になる人がいて、場所や相手を問わずにさまざまな行為に及ぶ（ぼうとしている）事態が起きている。しかし、これは高齢者に限らず、他の福祉施設や福祉サービス利用者にも共通する話であり、それぞれの疾患や障害、状況において現れ方や抱える課題、悩みは、異なっている。

他方、実習生や新人介護士層の年代に近いと考えられる高校生や大学生の性交経験率は、大きく低下している。以前は性交開始の低年齢化が進んでいると言われていたものの、最近では歯止めがかかっているとの報告も出ており、「草食男子」という言葉も生まれた。こうした比較を書きたくなるのも若い人の性への欲求は当たり前に存在し、高齢者や障害者のそれは、枯れてなくなったり、元々ないものだという認識がどこかにあるからかもしれない。しかし、性に関する捉え方や価値観が異なる世代が利用者の支援を行うことを考えれば、利用者理解と支援の質を高めるには、セクシャリティに関する学びは欠かせないものといえるであろう。

福祉現場、とりわけ入所型施設において耳にするセクシャリティの問題の状態はどのようなものであり、そこではいかに対応されているのか。福祉分野においても、この点に関する議論を深めることが必要ではないかという思いから本書の出版に至った。

現場に出向いて話を伺うなどして、この問題を学べば学ぶほど福祉施設内のその実態は、二〇～三〇年前の状態と大きく変わらない様子も見えてきた。ＷＨＯ（世界保健機関）で採択されて世界で用いられている障害と生活機能の分類のＩＣＦ（国際生活機能分類）では、性のノーマライゼーションが取り上げられてはいるものの、現場の実態とは大きく乖離しているといえるのではないだろうか。

利用者は、セクシャリティに関することで満足感を感じている様子も見えてこず、福祉従事者は、「性的ニーズ」に関するケースを経験しても自分の胸だけに収めてしまい、オープンに施設内でも語られることも乏しい。そのため、福祉現場では、セクシャリティに関するトラブルが業務の中で起こったとしても、個人の胸のうちに秘めておかざるを得なくなり、支援内容として支援者が取り組むべき課題と捉えられる事はほとんどないといえる。

また、著者の一人であるジャーナリストから、本書でも紹介している性風俗に関する情報提供を得た。性風俗に通う高齢者の実体は、当たり前にあるだろうという感覚と、冒頭の施設職員や実習生の戸惑いの言葉との間に何らかの隔たりを感じる。こうした現状を考えた時に、一体、福祉従事者は、どんな思いでこの課題に向き合っているのだろうかという疑問も生まれてきた。こうした疑問や問いが社会の議論の種になることを願い、多くの議論がなされること自体が、課題の整理や改善につながるのではないかと考えている。

本書は、主に高齢者や障害者を中心とした福祉従事者側の葛藤や悩みをインタビューしながら分析・検証し、福祉現場における「性的ニーズ」の問題を真正面から捉え、支援のあり方について考察していこうとするものである。

本書は、一一章から成り立っており、主に三つの点を軸に構成されている。一つは、支援をする側が抱えている課題や置かれている現状を明らかにすること、二つ目は、支援者から見えてきたものを含む利用者等のニーズを明らかにすること、三つ目は、「性的ニーズ」に対する社会規範や専門的な視点から、この問題をどう捉えていくのかという点に関する提起である。また、政策的観点からも触れており、「性的ニーズ」に関して、公的サービスは活用できるのか否か、また、人間のニーズから考えれば、「性的ニーズ」が潜在化しており、どのように社会が対処していけばよいかも問題提起している。そして最後に、それらを通して「福祉」とは何かを考えていく著書となっている。

本書がささやかなきっかけとなり、利用者、支援者と立場が異なろうとも誰もが自らの課題として、考える土壌が育つことがこうしたプライベートの問題として触れづらい問題の改善につながれば幸いである。

二〇一七年一二月

米村美奈

福祉は「性」とどう向き合うか——障害者・高齢者の恋愛・結婚

目次

第Ⅰ部　高齢者・障害者の性

序章　福祉専門職の悩み――現場からの報告

結城康博

1　タブー視される「性」の問題

ある日、筆者は介護士らと意見交換する機会があった。(1) 介護現場での「やりがい」「使命感」「職業倫理」といった点を踏まえたモチベーションを高めるための研修会の打ち合わせであった。昨今の深刻な介護人材不足の要因は「賃金水準の低さ」「待遇の悪化」であると認識しながらも、職場環境や人間関係の改善、介護士らの意識変容などによって、少しでも人材不足をリカバリーできないかといった点について議論することが研修会を催す意図であった。

しかし、多様な論点を議論する中で、高齢者における「性」の問題で悩む介護士、相談員（ソーシャルワーカー）が増えているといった問題提起がなされた。実際、「平成二六年度 介護労働実態調査結果について」によれば、介護労働者において「セクハラ・暴力等の経験の有無及び解決状況（複数回答）」の問いに対して、利用者から「セクハラ（性的嫌がらせ）」を受けたのは全体で九・一%、訪問系八・〇%、施設系（入所系）九・〇%、施設系（通所系）一〇・八%という結果であった。

確かに、介護労働や人間関係の問題は、表面化しやすく公に議論しやすい。しかし、高齢者などの「性」に関して悩む現場職員の精神的葛藤、それらの負担、利用者間及び家族間調整といった苦難は、かなり潜在化している。結局、各専門職の個人的な悩み事で、終始しがちだ。

最終的には、この問題には触れず、研修会を行ったが、改めて重要な課題であると、筆者は認識させられた。

2 レイプ未遂？——判断の困難な認知症高齢者のケース

（1） 特別養護老人ホーム内での出来事

前述の議論の中で、あるケースが話題となった。某特別養護老人ホーム（以下、特養）に入所する要介護2の高橋三郎（仮名・八三歳）さんが、要介護4の認知症高齢者である田中幸恵（仮名・七六歳）さんの部屋に、夜中、侵入して性的関係を半ば強引に持とうとしたという疑いが持たれた事例である。

この介護施設はユニット型個室で、夜間帯は介護士が二時間おきに見回ることになっていた。通常、夜は個室で多くの高齢者は眠っている。高橋さんは要介護2（現在、原則、要介護3が特養の入所要件だが、制度変更前のケース）とはいえ、杖歩行で認知症の症状もなく、日常会話もスムーズであったという。一人暮らし高齢者で身寄りもなく、運よく要介護2でも特養に入所できた。通常、特養の入所は、介護度の高い人が優先されがちだが、家族関係などの点が考慮され、要介護2でも入所できる場合もある。現在、要介護1・2は、全入所者の約一割程度である。

普段から、高橋さんは認知症の田中さんに「好意」を感じており、それには介護士らも気づいていたようである。いつも話しかけて隣に座っていた。ただ、田中さんは、身体機能には問題ないものの要介護4となっており、ほぼ認知症状だけで重度の認定レベルとなっていた。以前、田中さんは老夫婦世帯で、夫（八四歳）と暮らしていたが、徘徊が目立つようになり、少し夫が目を離すと外に出かけてしまうことも度々あった。そのため、夫は介護負担に耐えられなくなり、入所するに至ったのである。しかも、夫の事もわからなくなり、「はじめまして、誰ですか?」といった対応を、幾度となく夫に繰り返していた。二カ月に一度、夫は特養に面会に来るという。ただ、高齢であり自宅が施設から離れているので、毎月の面会は難しいということであった。

(2) 年齢は七歳差——八三歳の男性と七六歳の女性

田中さんは七六歳といっても「可愛い」感じで、重度の認知症ではあるが、穏やかな人柄であったという。会話も周りから声掛けされると、つじつまは合わないが、親しげに対応する優しい高齢者であった。高橋さんは、田中さんをすっかり気に入ったのである。介護士も、親しい茶飲み友達であれば良いのではと思い、日頃は、お互い楽しく過ごしているので、あまり気にしていなかったようである。

高橋さんは杖歩行ながら「性」的欲求は衰えておらず、女性への関心は若い時と変わらず持ち続けていた。実際、高橋さんの部屋に「ヌード写真が掲載されている雑誌」が置いてあったことを、介護士が見て見ぬふりをしたこともあったという。公的な特養ではあっても、一定の範囲内であれば、個人がどのような所有物を持っていても自由であり、あえて「ヌード写真が掲載されている雑誌」であっても、他の利用者に迷惑をかけなければ、問題ないと判断したそうだ。ただ、二〇歳の介護士は、「八〇歳を過ぎても、けっこう性的欲求はあるのね！」と、少し戸惑っていたという。

(3) 介護士の見回りの隙に……

一般的に女性は平均寿命も男性に比べれば高く、介護施設の入所者は女性の方が多い。しかも、個室化されている女性の部屋の中に入ろうと思えば、鍵がかかっているわけでもないため、入るのは容易だ。

ある夜、高橋さんは、田中さんの部屋に忍び込み、「性的」関係を持とうとした。二時間ごとの介護士の見回りの隙に、部屋に入ったのである。ここでは「持とうとした」という表現を、あえて筆者は用いる。なぜなら、実際、強引に持とうとしたのか、本人らが同意したのか不明だからだ（田中さんは認知症で同意と言えるかは不明）。ただ、男性の「精液」らしきものが、田中さんのベットシーツに付着していたそうである。

夜勤の介護士が、田中さんの部屋から高橋さんが出ていくのを見かけて、この「事件」が発覚した。しかし、高橋さんは「夜中、寂しくなったので、田中さんとお話しただけだ！　何も性的関係を要求していない」と、開き直っていた。しかし、介護士は、田中さんの衣服が乱れているのに気づき、どう見ても高橋さんと関係を持とうとしたと思えたという。

（4）親族には言わず——ケース会議での判断

結果的には、以後、介護士らが注意をはらうことで、何事もなかったかのように対応することになった。実際、認知症のため田中さんには記憶がない。本人も、いつもの生活には変わりはなく、高橋さんとも仲良く会話するなど、引き続き親しい間柄であった。親族にも、この夜の出来事を報告しないことになった。一人暮らしの夫の気持ちを思うと、何も知らせない方が夫のためだと職員らのケース会議で判断された。日本では、あえて話さない事が「問題」を生じさせないので、「適切な判断」と捉える暗黙の社会規範が存在する。「誰も傷つかないよう、表面化させない方が良い」といった価値観である。とかく、「性」の問題は、このような価値観によって顕在化しにくくなっているといえる。

なお、男性高齢者に限らず女性高齢者においても、「性」への拘りが強いケースはあるという。軽い認知症がある女性高齢者（八〇歳）は、頻繁に若い男性高齢者を見るなり、抱き付いたり体を寄せたりして、身体接触を要求したというケースもある。

このように、介護施設において「性」の問題は根深く存在しているが、施設側はあまり娘（息子）や配偶者などの親族には相談できないという。相談しても根本的な解決にはならず、基本的には施設側のケア技術が疑われるからである。また、信頼関係に問題が生じる恐れもあることから、施設内で問題解決を図ろうとしてしまう。

もっとも、これらは家族の心境にも「配慮」したいがゆえの対応ともいえる。介護士らは、高齢者の「性」問題に苦慮しているのである。

3　福祉専門職へのセクシュアルハラスメント

(1) 高齢者のセクシュアルハラスメント

よく高齢者の「性」の問題で介護士が悩む事例として、男性の要介護者（利用者）が、女性介護士へセクハラを行うケースがある。介護士の胸やお尻を、ケア中に触る。無論、病院でも患者による看護師へのセクハラ行為は見受けられる。当然、介護士は不快に感じ、特に二〇代前半の女性介護士の中には、涙を流しながら悩む者もいるという。

ただ、高齢者の判断能力が保たれているケースでは、それほど対応は難しくない。施設長や介護士本人らが、叱責したり注意できるからだ。このようなケースでは、家族の協力も得ることが可能な場合もある。

しかし、認知症が悪化し、本人がセクハラと認識できず半ば本能的に女性介護士の体を触るケースでは、その対応が複雑化する。できるだけ男性介護士がケアするように努めるが、女性介護士が関わる場面も避けられない。当然、介護士も認知症高齢者と知りつつも、頻繁に体を触られると、精神的に耐えられなくなり、職場の配置換えを申し出る。もちろん、施設としてもすぐに配置換えを受け入れるが、別の介護士も被害に遭う。「上手くかわす」事も、介護士としての専門性の範疇に入るのかもしれないが、経験の少ない若い介護士にとっては、けっこう精神的な負担となる。

もっとも、福祉施設におけるセクハラ問題は、男性の入所者から女性職員だけではなく、女性入所者が男性職員に行うケースもある。決して女性職員だけが対象ではない。

(2) 恋愛感情を職員に持つ高齢者

しかし、保育園の場合はどうであろうか。同じように乳幼児が保育士の胸やお尻を触ることもあるが、ほとんど問題とはならない。杓子定規に考えれば、乳幼児も認知症高齢者も利用者であり、同じ行為に違いはない。つまり相手が高齢者となると、援助者が不快に感じるのだ。当然といえば当然だが、それだけ介護士の仕事はたいへんなのかもしれない。

これは「セクハラ」を受けた保育士や介護士の意識の問題もあるだろうが、おそらく乳幼児は「性的意識がなく」保育士の胸を触ったと受け止めるが、高齢者が介護士の胸を触るのは「性的意識がある」ためという認識の違いに拠るものであろう。

また、認知症高齢者が一人の介護士を気に入り、勝手に「恋人」だと思い込むケースもあるという。そうなると、その介護士が他の高齢者の食事介助や入浴介助をすると、情緒的に不安定となり徘徊したり怒鳴り声をあげることもあるそうだ。自分以外の同性の高齢者の世話をしていると、深い嫉妬を感じるのである。

このようなケースに関しては、できるだけ介護士が、他の高齢者の介助場面を見せないよう配慮するが、狭い施設では限界がある。そのため、その高齢者が特定の介護士に「恋」焦がれているなら、数人の介護士を好きになれば、拘りが薄くなり情緒的に安定するのではないかといった対応を試みた事もあるという。また、書道や他のレクリエーション活動を勧めるなど、何か興味を持ちやすそうなものを模索し、介護士への関心を緩めるケアを試行錯誤しながら取り組んでいる所もあるようだ。

4　現場が抱える問題①——高齢者福祉施設の場合

(1) 施設の個室化——プライバシー保護の弊害

一昔前、重度の認知症や要介護者が入所する特養を中心とした介護施設は、ほとんど四人部屋のみで、入所すれば必然的に共同生活になるためプライバシーは尊重されなかった。

しかし、昨今、特養を中心にユニット型個室化が国の政策として打ち出されたこともあり、徐々に個室化が進められている。無論、健康な高齢者や虚弱高齢者が入所する養護老人ホームも個室化されつつある。

もっとも、有料老人ホーム、サービス付き高齢者向け住宅（以下、サ高住）等での介護保険サービスの活用は限定的で、自費による費用負担部分が多くすべて個室化されており、半ばアパートのような住宅として位置づけられている。これらは条件があるにしても、家族の宿泊も可能である。いわば在宅と施設といった環境の差は、昔ほどかけ離れたものではなく、徐々に縮小されプライバシーの確保が重視されつつある。

しかし、サ高住の入居者同士が親しい関係となり、さらに「性的」関係を持つことになれば、介護士や生活支援員らは戸惑うであろう。介護施設とは異なり、高齢者住宅といったプライベート空間だから、大人の男女が何をしようと問題はない。しかし、見て見ぬふりをするにしても、援助者としては葛藤が生じるかもしれない。

（2）介護士不足

ところで、介護分野の有効求人倍率は深刻であり、慢性的な人材不足が持続している。特に、アベノミクス（安倍晋三第二次内閣以降による経済政策）により雇用情勢好転の兆しが見えはじめ、失業率の低下が見受けられるものの、介護人材の有効求人倍率は悪化の一途をたどっている（表序－1）。

大不況時前の二〇〇〇年代初頭のＩＴバブルにより日本経済が好景気だった時も、失業率が低い値で推移していたが、介護分野の有効求人倍率は二％を超えていた。景気が良くなると、人材が介護から他の業界に移転し、逆に不況時には介護に従事する人が増えるといった労働移転が生じる。

つまり、介護施設の環境面では徐々に個室化され、プライバシーの確保は進んでいるが、介護士不

表序－1　介護分野の有効求人倍率と失業率の推移

	2012年	2013年	2014年	2015年	2016年
介護分野の有効求人倍率	1.74倍	1.82倍	2.22倍	2.59倍	3.02倍
失業率	4.3%	4.0%	3.6%	3.4%	3.1%

出所：厚生労働省老健局老人保健課（2017）を基に筆者作成。

足により、それに応じたきめ細かなケアという点では課題を残している。実際、特養では、法令基準では四人部屋であれ個室ユニット型であれ、要介護高齢者三人に対して一人の介護士もしくは看護師といった人員基準となっている。

もちろん、このような法令ギリギリの人員配置では、要介護高齢者の転倒、食事介助の誤嚥などといった面で危険であり、二・〇対一、一・五対一といった具合に施設側が過員配置しているケースが多い。特に、ユニット型個室では手厚い配慮がなされている。しかし、昨今の介護報酬マイナス改定なども影響して、これら過員配置分が削られつつある。

そうなると、ユニット型個室の介護施設では、介護士の目が行き届かなくなるので、かなり限定された活動しか要介護高齢者はできなくなる。実際、ユニット型個室の介護施設の介護士に話を聞くと、過員配置が削られたため、常時、高齢者を看る努力はしているが、目を離す時間が長くなり危険性が増したのではないかという。四人部屋であれば、多少、人員が減っても介護士の死角は少ないが、個室になると部屋ごとに見守ることになるので、課題が多いという。

特に、夜勤の時間帯は高齢者二〇人に対して一人の介護士が見る人員配置となっているため、「ベットから転倒しないか?」「認知症の高齢者が、別の部屋に入らないか?」「徘徊していないか?」等の見守りという点で、おむつ交換や水分補給とともに手薄になる。特に、認知症高齢者が他の利用者の部屋に入り、間違ってベットに潜り込んでトラブルになることも珍しくないという。前述のように夜勤の介護士は、二時間ごとにランドといわれる各部屋を見守るが、二人が一つのベットで寝ている状況を目にすることも珍しいことではないという。

要介護者のプライバシーの確保は、環境上の問題と介護士といった手厚いマンパワー確保が条件だが、介護人材不足により「ケア」という側面では課題が多い。

5　現場が抱える問題②——障害者福祉施設の場合

(1)　マスターベーションは禁止すべきか

筆者は、以前、大学の女子学生から知的障害者施設での実習後、障害者の現場における「性」の問題は深刻で、介護士（指導員）やソーシャルワーカーらは悩んでいるといった報告を受けたことがある。(2)

彼女は実習の経過記録に、知的障害者が「マスターベ・ション」するのを、介護士らがやめさせようと指導している現状を記載しようとしたが、差しさわりのない問題に替えてしまい、悔やんだ。そして、その女子学生は実習後、「マスターベーションは止めさせる必要はないのではないか。健常者であれば誰でもやっているのだから、無理に止めさせる指導は、どうなのか。知的障害者といっても三〇歳の大人だし、頻度が多くなるとまずいかもしれないが、多少の自慰行為は許されるのではないか」と、筆者に疑問を投げかけてきた。若い女性介護士に常時付きまとう知的障害者は、珍しい存在ではなかった。つまり、この学生の報告から理解できることは、障害者の現場では、「性」的な課題は避けられない事案であることだ。

また、以前、障害者のデイサービスで、介護士にある話を聞いた。この肢体不自由者の介護施設では、パソコンで障害者同士とメールのやりとりをしたり、外部の人々とコミュニケーションをとる活動をしていた(3)。

ある日、寝たきりに近い重度の障害者から「一度でいいから、セックスをしたい。休みの日に性風俗に連れて行ってくれないか」と、話しかけられたという。日常的に性に関する冗談めいた話はしていた。「性風俗」に連れていってほしいとはブラックユーモアと思ったが、その障害者は本音まじりだった。その介護士は、「自分は公務についているから、プライベートの時間でも、難しいね！　誰か、他の介護施設に関係ない人に頼んでみたら」と話をそらした所、その障害者は「残念だ。わかってくれると思ったのに」と、冗談交じりの笑顔で応えてくれたそうである。

しかし、福祉援助者から見れば、ＡＶや成人雑誌に出演しているタレント、性風俗で働いている女性たちの一部は、軽い知的障害や発達障害を有しているという実態が考えられる点については看過できないと思う人も多いのではないか（ＮＨＫ「ハートネットＴＶ・シリーズ貧困拡大社会第一九回　見えない世界に生きる知的障害の女性たち」二〇一三年一二月一〇日放映）。軽い知的障害のある女性などが半ば騙されて働かされている事例は少なくないのである。特に、児童買春や児童ポルノの被害者の三人に一人が知的障害や発達障害などの何らかの障害があるか、その境界域と見られるという調査報告（「児童相談所における児童買春・児童ポルノ被害児童への対応状況に関する調査研究事業研究会」二〇一六）もある。その点を鑑みると、高齢者や障害者の性的ニーズを満たす方策として、性風俗などの活用を単純に勧められないのである。

（2）「性的ニーズ」をどう捉えるのか

なお、ここで福祉援助者が注意しなければならない事だが、基本的に性行為を、「恋愛」が「発展」した等の要因により営む行為として捉えるのか、それとも、単純に利用者の「性欲」の表れと捉えるべきなのかは、慎重に判断しなければならないであろう（そもそも分ける事が難しいともいえるが……）。無論、前者の場合は、「人権」といった側面からも積極的な支援について否定する意見は少ないであろう。しかし、後者の場合は、そこまで支援することが福祉の範囲なのかと悩む人は多いかもしれない。

また、「性行為」に係る機会平等を保障するために、そして単純に介護施設の入居者が「性欲」を満たしたいがために、性風俗の利用について支援すべきかといった問題も、前述した点などを踏まえると大きな課題を残すであろう。金銭授受という経済的行為を媒介にして性的ニーズに対応することが「福祉」なのかと。

本書では、基本的には恋愛等を要因としたパートナーとのコミュニケーションへの支援は、さほど問題にはならないと考える。しかし、単なる性欲等の生理的欲求への支援については、利用者、「福祉」を取り巻くさまざまな要因や福祉援助者らの「葛藤」を踏まえて考えるべきであり、状況によっては許容できない側面があると考えられる。

(3) 家族の関わり——AVを購入する母親

本章の冒頭で取り上げた施設の介護士に話を聞いたのだが、ある日、その介護士は障害者の家庭訪問をする機会を得たそうだ。在宅でどのような暮らしをしているか把握をするためだった。訪問したケースは、(4) 五七歳の母親と障害者の息子二三歳（常時、車いすを使う障害者）の二人で暮らす母子家庭であった。多少の知的障害も併せもつ利用者だが、やさしげな青年であった。

自宅で家の様子を母親と本人の三人で話していると、ビデオデッキの脇に「ＡＶ」が三本置いてあった。母親は介護士が「ＡＶ」に気づいたのを知ると、「けっこう二三歳もなると、『性』に関心があり、親としても本人は見たいだろうと思い見せてあげるの」と、笑いながら話してくれた。本人には障害があり「マスターベーション」はできないが、「ＡＶ」を見るだけでも興奮して楽しんでいるという。それも息子の人生の中で、楽しみの一つなのであれば良いかと。

介護士は、母親の話に圧倒され、ただただ聞くばかりであったという。母親自ら「ＡＶ」を購入して、息子に鑑賞させている光景を目の当たりにして、何も話すことはできなかったそうだ。

6　超高齢化社会の到来

（1）七〇歳を超えた健康寿命

男性の「平均寿命」は七九・五五歳、女性八六・三〇歳であるが、日常生活に支障のない「健康寿命」は男性七〇・四二歳、女性七三・六二歳である（厚生科学審議会地域保健健康増進栄養部会・次期国民健康づくり運動プラン策定専門委員会 二〇一二：二五）。

つまり、健康寿命が男女とも七〇歳を過ぎたとなれば（表序‐2）、七〇歳過ぎまでは元気で現役世代と変わらない健康状況であるといえる。つまり、「性的」欲求も衰えず、七〇代同士の男女がラブホテルに行くこともあれば、七〇歳を過ぎた男性が「性風俗」で遊ぶことも全く珍しいことではない（第2章参照）。

（2）喫緊の課題である利用者の「性」――対応を迫られる福祉専門職

また、要介護認定者も六〇〇万人を突破した。もはや一〇〇歳人口も約七万人となり、人生九〇年時代といっても過言ではない。

しかし繰り返すが、人間が高齢期を迎えても、「性」に関する欲求が消滅するわけではない。性別を問わず六〇歳、七〇歳と年を重ねても、欲求はつきまとう。特に、要介護状態になった男性の性欲

表序－2　平均寿命と健康寿命

（歳）

		①平均寿命	②健康寿命	①—②
男　性	2010年	79.55	70.42	9.13
	2001年	78.07	69.40	8.67
女　性	2010年	86.30	73.62	12.68
	2001年	84.93	72.65	12.28

出所：厚生科学審議会地域保健健康増進栄養部会・次期国民健康づくり運動プラン策定専門委員会（2012：25）を基に筆者作成。

や、高齢の妻が夫に要求された場合に生じる葛藤など、「性」の問題は高齢になるにつれ複雑化しているといえる。

また、高齢者によるヘルパー・介護士へのセクハラ問題とともに、介護施設における利用者間の性行為などは前述したようにタブー視される風潮は否めず、福祉従事者の多くは悩みながら仕事をしている。利用者の性的ニーズに福祉専門職として、専門家として、どのように対応していくか試行錯誤（または等閑視）しているのが現状である。

もっとも、要介護者による「性的ニーズ」への支援の問題は、知的障害者や肢体不自由者といった障害者の分野でも、度々、問題視されてきた。しかし、福祉現場では、現在のところ一定の方針に基づき対応しているわけではない。つまり、高齢者や障害者といった要介護者における「性的ニーズ」の問題は、福祉援助者にとって喫緊の課題でありながらも、普遍化された援助手法が議論（確立）されていないのである。実態は個々の援助者が考え、悩み、場当たり的に対応しているケースが多く、稀なケースとして、親しい仲間内や特定な支援団体間のみで議論されている程度である。

しかし、超高齢化社会の到来により、次章等で取り上げるケースのような高齢者・障害者の要介護者の「性的なニーズ」に関する課題は、今後、マジョリティ化され社会に顕在化せざるを得ない。

注

（1）筆者によるインタビュー（二〇一三年一月二一日）。
（2）筆者によるインタビュー（二〇一〇年二月四日）。
（3）筆者によるインタビュー（二〇一六年一二月四日）。
（4）筆者によるインタビュー（二〇一六年一二月四日）。

参考文献

厚生科学審議会地域保健健康増進栄養部会・次期国民健康づくり運動プラン策定専門委員会（二〇一二）「健康日本21（第二次）の推進に関する参考資料」。

厚生労働省老健局老人保健課（二〇一七）「社会保障審議会介護給付費分科会（第一四五回）」資料。

「児童相談所における児童買春・児童ポルノ被害児童への対応状況に関する調査研究事業研究会」編（二〇一六）『「児童相談所における児童買春・児童ポルノ被害児童への対応状況に関する研究」報告書』（厚生労働省 平成二七年度子ども・子育て支援推進調査研究事業）。

第Ⅰ部　高齢者・障害者の性

第1章　高齢者の性・恋愛・結婚

後藤宰人

1　性生活を続ける高齢者夫婦たち

(1)　六〇歳を過ぎても衰えない性欲

工藤直樹さん（仮名・六五歳）は、中学校の国語教師として六〇歳まで働き、定年を機に実家の煎餅屋を継いだ。従業員はパートを含めて三人。一歳年下の妻と毎日、手焼きの煎餅を作って販売している。

一年の休みは盆と正月の六日間のみ。いつ他界するかもわからない八五歳の父が持つ技術を受け継ぐために、この五年間がむしゃらになって働いた。疲労困憊の毎日で、教職員時代には週に数回あった「夫婦生活」からも縁遠くなっていった。そんな中、妻に乳がんが発覚する。その時の事を、工藤さんは次のように回想した。

「医師にがんを告げられたとき、妻は淡々と話を聞いて事実を受け入れていましたが、告知から数日後の晩、枕元で『もし私が乳房を取ったら、女として魅力がなくなる。そうしたら、捨てても恨まないからね』と言って泣き出しました。妻は竹を割ったような思い切りのいい性格で、今まで私に涙を見せたことがなかったので、ショックを受けました。私はこの時、『そんなことはない。手術で胸を取ったとしても、おまえに変わりはない』と抱きしめたのです。妻と私は涙で顔をくしゃくしゃにしながら何度も結ばれました。体が溶けて混ざり合い、思考を共有しているような錯覚まで起こしたほどの激しいセックスでした。互いに果てた後、妻は恥ずかしそうに『死を覚悟したら、急にしたくなっちゃった』と言いました。それ以来、どんなに忙しくても夫婦生活の時間を作るようにしています」(1)。

幸い、乳房の腫瘍はごく初期で小さかったため、奥さんは乳房を温存することができた。「その喜びもあって、夫婦生活はさらに充実している」という。工藤夫婦には、旅行に出かける時間的余裕はない。二人で出かける事は買い物以外、皆無に等しいが、それでも夫婦円満の生活を送っているそうだ。『なぜヒトだけがいくつになっても異性を求めるのか』の著書がある石川隆俊東京大学名誉教授は、次のように語る。

「五〇代半ばから九三歳までの八〇人ほどの男女に聞き取り調査を行いましたが、実に男性の約八割、女性の約七割がセックスに対して積極的でした。長い人生の中で、最後は子どもが離れ、友達も離れていく。その中でパートナーは、最後まで残る、最後の砦といってもいい。セックス以外に仕事や家族、名声などに生きがいを感じている方もたくさんいらっしゃると思いますが、そのような方にも、いずれ訪れることだと私は感じています。

やはり死ぬまでパートナーと性生活が続けられるということはとても幸せなことで、そういう触れ合いを続けられている夫婦というのは、穏やかで幸せな顔つきをしているものだし、逆に同じ天井を見て寝ていても、そういったことがない方というのはどこか寂しい顔をしているものです。愛するパートナーの肌に触れたり、セックスができるということは、人生に安らぎを与えるということでしょう」。

(2) ローションを活用した夫婦生活

二年前から年金生活を送っている鈴村章吾さん（仮名・六九歳）もまた、一歳年下の妻と現役で「夫婦生活」を送っている。以下、鈴村さんの話である。

「妻とセックスをしなかった時期もありました。妻が更年期を迎えた時、濡れ具合が極端に悪くなり挿入すると痛がるので、私の行為に付き合い続ける妻がかわいそうに思えて、いったんは卒業しようと決めたのです。でも、まだまだ私には性欲がありました。それで四年前に思い切って『みんなが使っているようだから、ローションを試してみようか』と提案してみたのです。妻に『そのみんなというのは誰なの？』と聞かれましたが、『同級生たちも言ってたし、インターネットのアンケートでも、かなりの人数がローションを使っていることが分かるよ』と説明をしたら『みんながしているならいいよ』と納得してくれました。そこで近所の薬局で潤滑ゼリーを購入して使ってみたのですが、妻は痛みをまったく感じなかったみたいで、『こんなことだったら、最初から使ってればよかったね』と喜んでくれました」。

以来、鈴村夫婦は二週間に一回程度の頻度で性生活を営んでいる。この生活の変化は快楽以外の喜びを、鈴村さんに与えたようだ。その事について、鈴村さんは次のように語っている。

「機能性重視の洋服しか買わなくなり、見た目からも色気が無くなった妻がファッションや美容、下着にまで気を使うようになり、改めて妻が魅力的な女性だと気づかされました。あと何といっても妻の機嫌がよくなったのが嬉しい。再開する前には理由なしに突然不機嫌になり、私への口調がきつくなることも多かったのですが、セックスをするようになってからは明らかに私に優しくなりました。セックスをした翌朝は『昨日は御苦労様』と感謝の言葉とともに、必ずおかずが一品多くなります。ささやかな喜びですが、頑張った翌日は、今度は何を出してくれるんだろうと私もわくわくしています」。

こうした六〇歳を過ぎても夫婦生活を続ける人々は、何も特別な存在ではない。前述の石川東京大学名誉教授の地道な聞き取り調査からは、高齢者たちの夫婦生活の実態を次のようにつぶさに垣間見ることができる。

「前立腺が肥大しているので、すこし具合が悪いんですが、いまでも勃起しますし、精液も出ます。家内をかわいがることもありますが、ときには自分で処理することもあります（七八歳男性）」（石川 二〇一三：九九）。

「家内とのセックスは数年前までありましたが、さすがにこのごろはほとんどなくなりました。でも、いまでも、その気持ちは残っています。もし、ほんとうになくなったら、生きていてもしようがないと思います（七九歳男性）」（石川 二〇一三：一〇〇-一〇一）。

「この年齢にしては、かなりひんぱんに愛しあったものです。私は、男と女が互いに求めあうのは、少なくともいまの年齢くらいまであることは証言できます（七〇歳女性）」（石川 二〇一三：六〇）。

「私が八〇歳のころまであったと思います。主人が病気になってからは、別の部屋で休むようになりました（八四歳女性）」（石川 二〇一三：六九）。

また、取材当時七六歳だったある男性作家は、筆者に夫婦生活が「現役」であることを教えてくれた。氏はＥＤ治療薬をポケットに忍ばせ頑張っているという。ＥＤ治療薬を使ったことはないそうだが、いざという時にいつでも飲めるようにしておくことで、中折れを気にせず妻を抱くことができると話してくれた。その氏のご両親も長く夫婦生活を営んでいたようで、ある時、母親に「（九六歳で他界した父親とは）いつまでセックスしていたんだ」と聞いたところ「九三歳までちゃんとなさいました」と返事したそうである。

（３）セックスレスからの復活――六五歳専業主婦のケース

女性側の意見も聞いてみた。次は埼玉県在住の六五歳の専業主婦の話である。

「私たち夫婦は、昔からそんなにセックスをする方ではありませんでした。子どもが生まれてからは月一回あるかないかの頻度だったし、子どもが巣立ってからも、姑の介護をするために夫の実家で同居生活が始まりましたから、ここ一〇年、セックスする機会は完全に失われていたのです。ところが二年前に、その姑が亡くなり夫婦二人きりの生活に戻ったら、夫婦生活が再開しました。『俺のおふくろの介護のせいで、お前は毎日疲れ果てているのがわかっていたから、ずっと誘わなかったんだけど、ずっとおまえが欲しかったんだ』と言いながら、夫は私を求めてきました。とても熱心に私を愛撫してくれましたが、私の方が全然濡れずにその夜は失敗しました。『私もいい年になったし、年齢的にももう無理なのかな』と思って、オンナでなくなったことにがっかりしていたのですが、夫はそれでも諦めず、後日改めて機会を作り、腰をすえた愛撫で私を愛してくれたのです。今度は前回のセックスが嘘のように濡れて、晴れてひとつになることができました。忘れかけていた楽しみを教えてくれたことも含め、夫に感謝をしています」。

2　恋をする高齢者たち

(1) ラブホテルもバリアフリー化

近年、高齢者の結婚・再婚が増加しているという話をよく耳にするようになった。配偶者に先立たれたり離婚した場合、改めて別のパートナーと結ばれるケースもよく聞く。地域の社会活動や市町村が主催者となっている趣味のサークルで知り合った異性、あるいは同窓会で再会した懐かしい相手、さらには介護福祉施設や病院などで知り合った異性など、多種多様な場所で恋に落ち、想いが成就した話を耳にする事も多い。

また、高齢者向けの婚活パーティーに出入りして、積極的にパートナーを探す人も近年では珍しくはなく、都内にある結婚相談所の中には「高齢者の登録者数が全体の六割を占める」という所まであった。

実際に厚生労働省が公表した人口動態調査を見ても、六五歳以上の男女の人口総数は二〇〇五年が約二六〇〇万人、二〇一六年が約三五〇〇万人と一・三五倍に増えているのに対し（厚生労働省 二〇一六a）、六五歳以上の高齢者の再婚者数は、結婚生活を始めた六五歳以上の男女が含まれる再婚世帯数が二〇〇五年には五一六五世帯だったが、二〇一六年には七〇七四世帯と、約一・三七倍に増えており（厚生労働省 二〇一六b）、数字の上でも微増傾向が見られる。

その中でも八〇歳以上の再婚者数については、厚生労働省が区分して調査を始めた二〇〇六年に三〇二人（男性二五五世帯・女性四七世帯）だったのが、二〇一六年には五三七人（男性四一四世帯・女性一二三世帯）と一・七八倍に伸びていた（厚生労働省 二〇一六b）。都内のある結婚相談所の所長も、この事を裏づけるような次の話をしている。

「高齢者の婚活の最終ゴールは、必ずしも入籍ではありません。週末に相手の家に行く週末婚や、一緒に生活する事実婚で留めることは珍しくありません。特に初婚ではなく再婚を考えている方は、入籍すれば新しいパートナーが法定相続人になるため、子どもたちと相続でもめないように避けることが多い。あるいは遺族年金をもらい続けた方が再婚するより経済的に豊かなために入籍を見送るケースもあります」。

筆者は折に触れて六〇歳以上の男女の性生活を取材してきたが、高齢者から話を聞けば聞くほど、多くの男女が、死ぬまで異性を求め続けている気がしてならなくなる。新宿や池袋のラブホテル街や、地方に点在するラブホテルの駐車場を見て回ったが、特に平日の昼間は、若いカップルや社会人カップルに混じって、寄り添いながら建物に吸い込まれていく熟年カップルを多くみかけた。高齢者の利用が増えたため、シニア割引を始めたり、部屋をバリアフリー化したラブホテルも増加している。もはや、ラブホテルは若い男女だけの逢瀬の場ではなくなっているのだ。

また、これはED治療薬を処方している西日本のある大学病院の泌尿器科医の話だが、処方した患者の統計をとってみたところ、六五歳以上の男性の三九％にED治療薬を処方していたという結果が出たそうである。裏を返せば、たとえ勃起不全の状態となっても、多くの男性が性生活を愉しもうとしていることの裏返しに他ならない。

(2) 老いらくの性に目覚めた七〇代女性

「昨年、古希を娘や孫たちに祝ってもらったばかりなのに、まさかこの年で〝恋愛〟をするとは思わなかったわ」と言いながら、大阪府在住の七一歳の女性は、かぼちゃの煮つけやひじきの煮物をタッパに移し替えながら、筆者にはにかんでみせた。彼女は目下、二歳年上の〝彼氏〟と恋愛中である。今日も取材後、一人暮らしをしている彼の家に、完成した二人分の夕食を届けて、そのまま「お泊りデート」をする予定だという。

「彼はもともとグラウンド・ゴルフの仲間の一人だったのよ。同じ町内に住んでいるし、付き合いは長いわね。昔から優しい人で、特に私の主人が他界した後は、電球の取り替えや、新しいテレビの配線が必要になる度に『男手が必要だろう』と手伝いに来てくれていたの。

　主人の三回忌が無事すんだ一週間後、『残り少ない人生、よければ私と一緒に時間を過ごして欲しい』と『告白』された時には驚いたわ。だって、私は彼をずっと友人の一人として見てきたんだもの。最初は『孫もいるのに、こんな年になってまで恋愛をするなんてみっともない』と感じて答えを保留していたんだけど、娘に『お父さんへの禊は三回忌で済んでいるし、それで楽しいと思うのだったら付き合っちゃえば』と背中を押されて決心がつきました。デートコースは彼の家か私の家が多いわね。食事をしたら一緒にクラシックを聞いたり、映画を観たりして時間を過ごすの。それが終わったら別々にお風呂に入って、一緒の布団に潜り込んで手をつないで抱き合う。彼の調子がよければ挿入までするけれど、彼のアレが勃ってくれるのは三回に一回くらい。その一回も中折れすることも多いし、お互いに疲れて眠たくなっちゃうから、最後までたどり着くことは少ないかな。そんな時は一回寝て、朝起きたらもう一度がんばるわ。朝一番は比較的勃ちやすいのよ。でもね、老人同士のセックスって勃つとか、勃たないとか、そんな事はどうでもいいのよ。そりゃあ勃ってくれれば嬉しいけれど、それより裸になって肌と肌を触れ合わせて、お互いの心を感じ合うことの方が何倍も重要。心で交わるセックスね。この素晴らしさを知ってしまったら、病み付きよ。私、老いてからのセックスがこんなに素晴らしいものだと、彼と交際するまで知らなかったわ」。

前述の石川東京大学名誉教授は、「私は信念として、セックスは決して恥ずかしいものではないと思っています。しかし世の中にはそうではないという考えがまだあります。セックスは多くの人たちの一番の関心でありながら、わざわざそのことに触れないでいる。言い過ぎるのはみっともないかもしれませんが、別に人がセックスをするなんて、どうってことはないのです」とも語っている。

3　恐怖を覚える女性——求める夫と避ける妻

（1）夫の性欲に戸惑う高齢の妻

とはいえ、老いらくの性は、必ずしもすべての人を幸せにするわけではない。年齢を重ねても円満な夫婦生活を続けられている男女がいる一方で、老いても当然のように夫婦生活を求めてくる夫に、妻たちが戸惑っているケースも目立つ。中には、夫の行動に恐怖すら覚えている女性までいる。恋愛ならば別れれば済む話だが、長年連れ添った関係だけに簡単には拒否できず、根が深い。

コンドームメーカーの「相模ゴム工業株式会社」が行ったアンケート調査によると、既婚者・交際相手がいるものの「セックスが少ない」と感じている六〇代男性の六五・五％が「もっとセックスをしたい」と答えているのに対し、女性は「セックスが少ない」と感じていても「もっとセックスをしたい」と答えているのは一四・一％しかいないそうだ（相模ゴム工業株式会社 二〇一三）。この男女の意識の差が、老後の性生活の中で悲劇を巻き起こしていると言ってもいいだろう。

(2) セックスは卒業したと感じる妻

東京都在住の六五歳の女性は、二年前に末っ子の娘が嫁ぎ、同い年の夫との二人暮らしが三二年ぶりに再開した。「新婚時代を思い出す」と火がついたのは夫の方。何度も体を求めてくる夫に、彼女は今、戸惑っている。次は、その困惑を述べた発言である。

「セックスなんて一〇年以上していませんでした。お互いに卒業したものとばかり思っていました。ローションを使って試してみましたが、違和感だけが残り、あまり良いものではありませんでした。それで、『今さらそんな気にはなれない』と何度も拒否をしているのですが、気持ちが収まらない夫は『だったら、せめて口でしてほしい』とせがんできます。一度だけ仕方なく手と口で処理したことがありますが、気持ち悪くてたまらなかった。子どもたち全員自立し、やっと穏やかな生活を送れると思っていたのに、今は『次、夫に求められたらどう断ろうか』、そればかり考える毎日を送っています」。

愛知県在住の六八歳の女性は、性生活を迫ってくる七一歳の夫を「介護施設に入れてしまいたい」と本気で考え、次のような話をしてくれた。

「夫は若い頃よく働いてくれて、私たち家族を立派に養ってくれました。定年後も嘱託社員として六五歳まで働き、それが終わった後は社会に貢献したいと、社会奉仕活動にも精を出し、そんな夫を私は尊敬し、感謝してきました。それが数年前にパソコンを覚えた途端『色ボケ』してしまい、これまで二人で積み重ねた信頼関係がすべて崩壊してしまったのです。最近の夫は昼も夜もアダルトサイトで動画を閲覧していて、それだけでも私にとっては気持ち悪いのですが、気になった愛撫や体位があると『これを今晩試してみよう』と、私にセックスを強要してきます。拒否すれば『夫婦がセックスするのは当然だ。俺に愛がないなら離婚する』と言って脅してきます。それが悲しくて仕方ない。きっと夫は『正常』ではないのだと思う。そんな夫の姿を見るのは辛い。かといって今さら離婚しても、一人では暮らしていく力が私にはありません。はやく介護施設に入ってもらい、一人になりたい」。

(3) 定年後に夫は性欲が復活する

男性の勃起障害と治療の研究を続けている石蔵文信大阪大学人間科学研究科未来共創センター招聘教授は、「日本人男性は、定年前まで仕事で忙しすぎる環境が続きます。忙しすぎて、妻とセックスする時間も、心の余裕もなくなる方が多い。定年までは『セックスする暇なんてない』というのが、多くの男性の意見だと思います。精神的なストレスで性欲はかなり落ちますから、仕事に追われている以上、妻を大切に想っていても、セックスレスになるのは無理からぬことです。ところが、定年後は仕事のストレスがなくなり、時間もあり余るほどあるから開放的になる。そこで、ムラムラッとくる男性は多い。定年後に性欲が増すというより、本来持っていたけどストレスで落ちていた性欲が、戻ってくるからです。そこで悲劇が起きやすい。それまでに妻と良好な関係を築き、定期的にセックスを続けてきたのであれば問題ないのでしょうが、表面的な仲はまったく悪くなく、会話もあるけど、なんとなく夫婦を続けている人は多いですから、なまじ気心知れた関係だからこそ、食事やデートを重ねて心をほぐす過程をすっ飛ばして、迫ってしまい失敗する。

夫婦といえども、夫婦関係が無かった夫から、いきなり性欲の処理のように求められたら、妻が戸惑うのも無理はないのです」と語っている。

恋人同士の頃は相手の気持ちを慮って性行為を持ち掛けていたはずなのに、長年連れ添った妻には、「夫婦なのだから当然」と言わんばかりの態度を取って波風を立てる事例をよく耳にする。

愛するパートナーや魅力的な異性と、結ばれたいと思うのは人の性《さが》だ。しかし本能の赴くまま相手の気持ちを無視して、相手と結ばれようとすれば、それが長年連れ添った相手であっても、人間関係が破綻するリスクは高くなるだろう。相手は「対等」なパートナーなのだ。

また、いくつになっても長年連れ添ったパートナーと愛を深めたいと思う人もいれば、叶うのであれば新しい異性との出会いと人生を望んでいる人たちも多くいる。その一方で、筆者は「性行為をしなくても十分に幸せ」という男女も多くみてきた。成人した子どもや孫に囲まれて穏やかに暮らし、「性」の事を全く考えなくても自分の人生から十分な満足感を得ている高齢者たちである。

それぞれ、出会う人も積み重ねてきた人生も違うからこそ、「性」に対する価値も生き方も人それそれである。高齢者の「性的ニーズ」を容認する人もしない人も、自身が思っている「性」の常識の枠に当てはめ、「違うもの」として排除しようとはしないでほしい。私にとっての「正義」は、彼（彼女）にとってみれば「不義」かもしれないし、もっといえば「正義」でも「不義」でもないかもしれない。それゆえ、自身の持つ常識のみを根拠に、他人の選択権を奪うべきではない。

注

（1）本章に掲載されたインタビュー内容は、すべて、筆者が対面、電話、メール、手紙等によって取材したものである。

参考文献

石川隆俊（二〇一三）『なぜヒトだけがいくつになっても異性を求めるのか』かんき出版。

厚生労働省（二〇一六a）「人口動態調査」（人口　第3表―1「年次・性・年齢別人口―総数―」）。

厚生労働省（二〇一六b）「人口動態調査」（婚姻　第9・7表―2「結婚生活に入ったときの年齢別にみた年次別初婚・再婚率（人口千対）―再婚の夫・妻―〔各届出年に結婚生活に入り届け出たもの〕」）。

相模ゴム工業株式会社（二〇一三）「ニッポンのセックス」（調査人数一万四一〇〇人〔事前調査：二万九三一五名〕。調査方法はWEBアンケート。調査対象：四七都道府県の二〇～六〇代男女〔一都道府県三〇〇名、性年代均等割付〕）（http://sagami-gomu.co.jp/project/nipponnosex/、二〇一六年六月一三日アクセス）。

第2章　高齢者と性風俗

後藤宰人

1　性風俗に通う男性高齢者たち

(1) 高齢者を対象にした性風俗

平日の昼さがり、東京都のJR五反田駅の東口を出て、目の前にあるロータリーを左に迂回しながら横断歩道を渡り、裏路地へと進んだ。左右には焼肉店や居酒屋などの飲食店と、ラブホテルや性風俗、『夜遊び』のための無料案内所が混在している。

その歓楽街で、定年退職を迎えたであろう年齢の男性たちと何度もすれ違った。彼らの目的は格安で遊べる性風俗である。淫靡さが漂う看板の奥に一人、また一人と吸い込まれていく。「五反田は安くて『質の良い』お店が多いからひいきにしているんだよ。一発抜いて七〇〇〇円でお釣りがくるのだから癖になる」(1)と、その中の一人、青いストライプ柄のワイシャツにカーキ色のチノパンを合わせた男性が、首筋の汗をハンカチで拭いながら教えてくれた。妻から貰う小遣いをやりくりして、月に一回程度、通っているのだという。

この街で高齢者に一番人気の性風俗が、五反田発祥と言われている性風俗ピンクサロンである。店内は薄暗いスナック（あるいは純喫茶）のような内観で、男性客は観葉植物などで間仕切りされたボックス席で女の子との会話と〝おさわり〟を楽しみ、最後は口と手を使って射精に至るまでのサービスを受けることができる場所である。風俗雑誌『俺の旅』編集長の生駒明氏は、この点について次のように解説してくれた。

「ピンクサロンは『風俗』の中では最も安い業種で、料金は総額で一万円未満が一般的です。年金生活者の財布にも優しいところが高齢者にウケています。年金受給日となる偶数月の一五日は開店前からお年寄りで長蛇の列ができるお店もあるほどです。私も、五反田で雑居ビルの四階にある老舗ピンクサロンで遊ぶために、開店一時間前から十数人のお年寄りが並んでいるところを何度もみかけています」。

当日は年金受給日ではなかったが、系列店の老舗ピンクサロンで遊ぶために、地下へと続く階段で順番待ちをしている男性高齢者を多数みかけ、その人気はうかがい知れた。

前章でも取り上げた相模ゴム工業株式会社が行ったアンケート調査によると、性行為のできるパートナーがいない六〇代男性の七七・九％が「セックスをしたい」と答えている。また、たとえセックスする相手がいたとしても、「セックスが少ない」と感じている六〇代男性は多い（相模ゴム工業株式

会社 二〇一三)。

これらを踏まえれば、現状の性生活に満足できていない男性たちの一部が、性風俗に流れ着いていると考えるのが妥当だろう。社会的なリスクが高い不倫を回避し、限られた予算の中で性欲を満たせる場所は、性風俗以外なかなか探せるものではないものだ。

(2) 少ない年金を切り詰めて

高齢者が集まる性風俗は、射精産業のみにとどまらない。筆者は新宿の歌舞伎町の老舗ストリップ劇場に足を運んだ。五〇〇〇円ほどの入場料を支払って重たいドアを開けると、栗毛色の長い髪の踊り子が、ピンク色のスポットライトを浴びながら、着ている服を一枚ずつ脱ぎ捨てている最中だった。

ストリップ劇場とは、ステージの上で踊り子たちが音楽に合わせて踊り、脱ぎ、最後は性行為を連想させる踊りなどで観客を愉しませるヌードショーである。一回の舞台は二〇分ほどで、終わると休憩を挟んで次の踊り子が舞い始める。踊り子たちにはそれぞれ得意な分野があり、素人っぽさをウリにして、毎回恥ずかしそうに初々しく脱いでみせる女性や、荒縄を使って自分の体を特殊な方法で縛り上げるショーをする女性、あるいは女性器で吹き矢を銜え込み、風船を割るツワモノまでいる。

そうやって四〜五人の踊り子が次々と踊り、脱ぎ、全員の舞台が終わると、もう一度最初の踊り子が登場する。観劇に時間制限はなく、一回入場したら当日飽きるまで劇場内で観賞できる。

訪れた当日、五〇席ほどの座席はほぼ満杯で、食い入るように見ていたのは、たくさんの男性高齢者だった。実は六〇歳以上はシルバー割引が適用され、三〇〇〇円で入場できる。劇場外へ出ても再入場が可能なため、午前中からやってきて、途中、コンビニで購入した弁当をつつき、夕方まで踊り子たちの妖艶な舞いを愉しんでいるファンも多い。こうした男性高齢者たちが、踊り子たちの人気を支えているといっても過言ではないほど、劇場内には男性高齢者たちで溢れ返っていた。

ステージ終了後に、踊り子のポラロイド撮影会が始まった。一枚五〇〇円の記念撮影に多くの高齢者たちが並んでいた。演目の合間に、今年八二歳になるという男性に話しかけてみた。

「今日はお目当ての女の子が久しぶりに新宿で公演するから、応援に来たんだ。家内には図書館に行くと言ってある。アリバイを作るために三島由紀夫の本も借りてきた（笑）。家内にバレると面倒だけど、舞台で踊る女の子たちのヌードをたくさん見られるし、冷暖房が効いているから快適だし、たった三〇〇〇円で、楽しく一日時間を潰せるから理由をつけてはちょくちょく来ているよ」。

劇場が暗くなった。ステージにスポットライトが灯される。つぶらな瞳が印象的な、ライトブラウンに染められた巻き髪の踊り子が現れると、男性は「ほらっ、この娘！　この娘がお気に入りの女の子だよ！」と息を弾ませた。まるで宝物をみつけた子どものように、目を輝かせて音楽に合わせて手拍子を始める……。

二〇一五年三月に筆者が訪れたこのストリップ劇場は、多くの高齢者ファンに惜しまれつつも二〇一七年一月に閉館した。しかし東京の上野や、同じ新宿内にある別のストリップ劇場では、現在もこうした高齢者ファンによって活気に満ち溢れている。

2　「上客」として扱われる男性高齢者

(1) 需要と供給がマッチした高齢者向けの性風俗

こうした「元気な高齢者」たちを「上客」と話すのは都内の性風俗経営者だ。次は、高齢者たちに対する彼の感想である。

「高齢者は平日の昼のオープンから夕方までの、店にとって一番暇な時間に遊びにきてくれます。自由になるお金をある程度持っている上、気に入った女の子を見つけると、何度も同じ女の子を指名するために通ってくれます。プレイも自分が気持ちよくなりたいというより、相手を気持ちよくさせたいという欲求が強く、マナーも良いので本番を強要するなど、女の子の嫌がることは中々しないし、しようと思っても勃たなかったり中折れするからトラブルも少ない。その上、『若い女の子は世代が違いすぎて話がかみ合わない』と、若干稼働率の悪い三〇代以上の女の子を好んで指名してくれるので、女の子たちにうまく稼がせてあげられる」。

高齢者の性的ニーズと風俗店のメリットがうまくかみ合った結果、二〇一一年以降、高齢者を対象にした割引サービスをする性風俗や、高齢者専用の性風俗が急増し、市場が拡大していった。現在はマーケットが定着する段階にまで至り、高齢者が目的に合わせて選べるほどの多種多様な高齢者向けサービスが充実している。

（2）六〇歳未満はお断り

「六〇歳未満はお断り」を掲げる高齢者専用性風俗はもちろんのこと、たとえば、これまでは一部の男性にしか需要がなかった三〇～五〇代女性へのニーズが急速に高まったのが近年の傾向である。その結果、性風俗で働くことを希望する年配の女性を店側が積極的に雇い「人妻専門」として新規オープンする店が相次いだ。

あるいは勃ちにくくなった男性器を、女性が本格的なリンパマッサージで勃たせて射精まで至らせる「回春」を目的としたマッサージ店が増加したのも、背景には高齢者の需要の増大があるとみられる。店によっては、高齢者に介護士や看護師の資格を持った女性を派遣する店もあり、かなり本格的だ。次は、前述の生駒明氏の話である。

「いまや高齢者は風俗店にとって売り上げを左右する大事なお客様です。毎月、決まった日にシルバーデーをもうけて、高齢者に特別割引サービスをする風俗店や、六〇歳以上はいつ来店しても一〇〇〇円引きにするなど、高齢者を対象にしたサービスを、都市部に限らず全国の多くの風俗店が導入しています。これは熊本のケースですが、身分証の提示が必要ではあるものの、六〇歳以上の熊本県民なら、本来なら六〇分で一万六三〇〇円かかるサービスを、一万三〇〇〇円で提供するなど、地域振興色の強いものまであります」。

3　人は死ぬまで性欲を持ち続ける

こうした性風俗のお店に通う男性高齢者の行動を、「年甲斐もない」「汚らわしい」と論じるのは簡単だ。しかし、それは「日本昔ばなし」に出てきそうな性に無縁そうな好々爺を、年齢を重ねた男性の正しいあり方として押し付けているにすぎない。多くの人々は自分の親や祖父母の世代のセックスを想像したくないものだ。しかし、人間は加齢とともに生殖機能を失ったとしても、異性への興味は死ぬまで尽きない動物なのだから好々爺を押し付ける生き方では、どこかで心に無理が出る。

高齢者にも若者同様に性欲がある――。これは脳科学の見地からみても明らかな事実である。『社会脳からみた認知症――徴候を見抜き、重症化をくい止める』の著者、勤医協中央病院（公益社団法人 北海道勤労者医療協会）の伊古田俊夫医師（脳神経外科）は、人間の性欲のメカニズムについて、こう解説してくれた。

「性ホルモンと神経伝達物質などが性欲を高め、性行動を起こし、性ホルモンが実際の生殖機能を促します。人は性欲が高まり、性行動を起こし、生殖活動をします。しかし、加齢とともに性に関するホルモンの分泌が衰えてくる。男性では六〇～七〇代、女性では五〇～六〇代の閉経を迎える時に、大きく減少します。ゆえに生殖機能は使えなくなるのですが、神経伝達物質は老いてもあまり衰えず活動を続けます。視床下部など性行動関連脳領域が健在で、神経伝達物質、そしてわずかな性ホルモンがある限り性欲は維持されますので、人間はおそらく死ぬまで性欲を持ち続けます」。

性行動、性欲をコントロールするホルモン・神経伝達物質は男性では一〇種類が明らかになっている。性欲に対して促進的に働くのは性ホルモン、ドーパミン、サブスタンスPなど、抑制的に働くものはセロトニン、オピオイド、プロラクチンなどが知られている。これらの神経伝達物質が、老後も人に性欲を与え続ける。

男性の場合、定年退職後、急に性欲が増したと感じることがある。これは仕事から開放されることで性欲の〝最大の敵〟であるストレスがなくなり、本来持っていた性欲が戻ってくると言われているが、実はこの現象も上記の神経伝達物質が作用していると考えられる（田村 二〇一四）。この点について、前述の伊古田医師は次のように語る。

「退職すると家でゴロゴロしてしまい、運動不足になりがちです。神経伝達物質のセロトニンの材料となるトリプトファン（アミノ酸）は通常アルブミンと結合していて、このままでは脳内へは入れません。毎日一時間程度の運動をすることで筋肉内で脂肪の分解が起き、アルブミンはトリプトファンから離れ遊離脂肪酸と結合します。その結果、トリプトファンは脳内へ移行できると言われています（仮説）。つまり運動不足の状態ではトリプトファンは脳へ移行できず、セロトニンは不足します。運動不足の人はセロトニンが足りず、性欲の抑制が起きにくくなり、結果として性欲亢進する可能性があるのです」。

日本性科学会が行った「2012・中高年セクシャリティ調査」を見ても、多くの男性高齢者は、若い頃よりは性欲が無いと感じるものの、性欲自体は残っていることが伺い知れる。六〇代以上の男性（有配偶者）で調査に協力した人数は二〇一名しかいないため、サンプル数こそ少ないが、「若い頃と比べて性的欲求の強さは変化しましたか。」という問いに対して、「欲求がほとんどなくなった」と回答した六〇代は一六％、七〇代では二六％しかいない。また、「この一年間に、性交渉をしたいと思ったこと」が「なかった」と答えた六〇代、七〇代はともに一七％しかいなかった（日本性科学会二〇一二：八一・八五）。

4　男性高齢者が性風俗に求めるもの

（1）生殖能力は減退

ただし、いくら男性高齢者に性欲があったとしても、加齢とともに生殖能力は衰えているか、もしくは失っている。ゆえに「射精による快楽」に重きを置いている若者とは性風俗に求めるものが若干違ってきている。この点について、前述の生駒明氏は次のように話している。

「風俗店では最初に写真パネルを見て、サービスをしてくれる女の子を選びます。若い男性は若くて好みの容姿をしている女性を選ぶ傾向がありますが、高齢者は自分の話が通じる若干妙齢の女性を選びやすく、容姿は『癒し系』といわれる一緒にいてほっこりとした気持ちになれそうな女性を選びやすい。もちろん、そういう女性と勃起して射精までできればいいと思って風俗店に通っていると思いますが、本質的に求めているのは心の癒しです。老後は極端に話す相手が減ります。そういう生活の中で一番怖いのが孤独です。誰だって孤独の世界では生きたくない。ここ数年で『下流老人』という言葉ができましたが、お金が無ければ、無いなりの生活をすれば済みます。しかし精神的充足がない『下流』は耐え難いものがあるのでしょう。しかし風俗店に行けば、女の子が男性高齢者の話に耳を傾けてくれるし、裸になって肌と肌を触れ合わせてくれる。

そうされることで、自身が肯定された気分になる。男としての尊厳も、承認欲求も満たされる。多くの男性高齢者にとって、射精は二の次に求めるものなのです」。

国立社会保障・人口問題研究所の調査によると、普段の会話の頻度が、二週間で一度もない六五歳以上の一人暮らしの男性が約六人に一人もいる（社会保障・人口問題研究所 二〇一五）。彼らは電話ですら誰とも話していないのだ。しかし、性風俗に行けば必ず女性が相手をしてくれて、自分の昔話を聞こうとしてくれる。たとえ勃起ができなくても、孤独にさいなまれる男性高齢者の心は軽くなるだろう。

（2）精神的な支えとしての性風俗

実際、七〇代、八〇代の男性客を接客した経験のある多くの女性たちも、「肉体的快楽より精神的充足を求める傾向がある」と証言している。その一人、都内の高齢者専用性風俗に勤める三〇代の女性は、次のような話をした。

「私が勤める性風俗は、デリバリーヘルスと言われるジャンルで、ラブホテルで一緒にシャワーを浴びた後、挿入以外のすべてのオーラルセックスを、主にベッドの上でサービスします。通常は男性の局部を私の陰部で挟み込んでスライドさせる擬似挿入、つまり『スマタ』でお客さんを射精まで至らせて終わるのですが、男性高齢者の場合、そこまでは『疲れるから』と言って求められず、代わりに『裸になって手をつなぎながら一緒に寝たい』と言われる事がままあります。もちろんここは性風俗なので、一緒に寝るだけでは済まず、私の胸や陰部を弄って反応を愉しむことくらいはしてきますが、胸の鼓動を聞きたがったり、ぎゅっと抱きしめられたがったり、精神的充足を求めている印象があります」。

また性風俗で働く三〇代のベテラン女性も、「六〇歳以上の男性は、自分が気持ちよくなりたいというより、私を気持ちよくして悦びたい欲求の方が強い印象があります。『君が悦んでくれる姿を見るのが一番嬉しい』と、私をベッドの上で〝まな板の鯉〟にして、舌や手を使ってものすごく頑張ってくれる方は多いですね。私が気持ちよさそうにすると本当に嬉しそうです」と語っている。

高齢者の性体験を日常的に収集している風俗ライターの村上行夫氏も、次の発言からわかるように彼女たちと同意見だ。

「高齢者専用の性風俗を取材していると、若くて綺麗な女性がたくさん在籍しているのに、お腹が出た、容姿も技術も秀でていない中年女性がお店のナンバーワンになっている事がよくあります。そういう女性は、間違いなく男性高齢者の話にしっかり耳を傾けています。高齢になると話がくどくなりがちで、話題も年下にとっては面白くない事も多いので、多くの人が最後まで話を聞きたがらない。そんな話を飽きたそぶりを見せないで最後まで聞いてくれるから、容姿や年齢の壁を越えて人気が出る訳です。また、『ありがとう』と言える女性も人気があります。多くの男性は六〇歳で定年を迎え、六五歳くらいまでは頑張って働くものの、それ以上の年齢になると雇ってくれる場所を探すのも難しくなり、本格的な隠居生活が始まります。これは働くことを中心に生きてきた男性には辛いことです。『もう自分は誰にも必要とされなくなってしまった』と心に大きな穴がぽっかりと空きやすい。そういう喪失感を埋めてくれるのが『ありがとう』という言葉です。『今日はとても気持ちよかった。ありがとう』と言われることで、『自分はまだまだ必要とされている』と思えるからです」。

その村上氏が取材した一人、岩手県在住の元地方公務員の七〇代男性は、三年前に妻をがんで亡くして以来、一人暮らしを続けている。関東地方に住む息子二人は、地元岩手に戻る気はない。寂しさを打ち消すように、二年前から派遣型のファッションヘルス（通称・デリヘル）を二週間に一回ずつ利用しているそうだ。また、村上氏は、その当人は次のように語っていたとも話した。

「近い将来、僕はきっと老人ホームに入ることになる。老後を過ごすだけの金はあっても妻もいない、頼れる人も近くにはいない。没頭できる趣味もないから、考える時間だけがたっぷりあって気持ちも暗くなります。それでも風俗で遊んでいる間は、そんな事を忘れて楽しめるから精神安定剤代わりに利用しています。彼女たちの性感帯がどこなのか、時間をかけてゆっくりと探すのがとても楽しい。感じてくれると、『とっても気持ちがいい。ありがとう』と言ってくれる。僕もまだまだ男でいられる悦びで満たされて幸せになれるんです」。

5　性風俗を利用する女性高齢者

（1）女性高齢者の性欲求も性風俗で

一方、男性用の性風俗ほどは数が多くはないが、女性用の性風俗も都心部を中心にまばらに存在している。若い男性の添い寝を提供する店から、マッサージで血行とリンパの流れをよくしてから指でオーガズムまで導く性感マッサージ店など形態はさまざまだ。料金は一時間一～五万円程度とさまざまで、お店の「当たりハズレ」も激しい。中にはサービスとは名ばかりで、セックスをしたいだけの男性が店を構えている場合もある。まだまだ業種としては、発展途上の段階である。前述の生駒明氏は、次のように語っている。

「最近では二〇代の容姿端麗な男性たちが施術をしてくれるリラクゼーションマッサージ店が流行り始めています。風俗といっても女性は裸になる必要がなく、局部もギリギリのところで触られないのですが、リンパの流れも良くする本格的なマッサージをされるため、性欲が高ぶっていきます。そのうえでスッキリしていきたいと希望する女性には、オーガズムまで導くサービスを提供する。女性への配慮も行き届いていて、施術する男性が触っていい場所やNGの行為などをしっかり聞いたうえでサービスしてくれる。たとえば、クンニリングスをしてほしいけど陰部は見られたくない場合は、アイマスクを着用してくれます」。

全年齢の女性が、男性ほど性風俗に興味が無いため、女性用の性風俗を利用する女性の割合は圧倒的に少ない。前章でも言及したように、「セックスが少ない」と感じている六〇代の女性の一四・一％しか「もっとセックスをしたい」と思っていないという調査結果もある。需要が少ない以上、大きな商売は展開しにくい。女性用性風俗が男性用性風俗ほど発展していないのも妥当な結果であろう（相模ゴム工業株式会社　二〇一三）。

（2）マッサージ感覚で心と性欲を満たす

ただ、需要は少ないとはいえ、それでも女性用の性風俗に通う女性高齢者たちは、それなりの理由を持っているものだ。数回の利用経験のある七一歳の女性が、次のように告白する。

「私はこれまでの人生、夫としか性交渉がありませんでした。夫の事は愛していますし、夫に体を触られて気持ちいいと感じましたが、感動するほどの快感ではありませんでした。ところが、私の友人たちは『セックスはもっと気持ちいいはず』『本当に気持ちいい時には、頭が真っ白になって失神してしまう』というのです。雑誌を読んでも『全身に電気が走った』や『体が溶けてしまいそうだった』と書いてありました。私はそういう意見を何度も見聞きするうちに、本当はもっとすごい世界があったのではないか、もしそんな世界があるのなら生きているうちに体験したいと強く思うようになったのです」。

彼女は二年ほど、自分の願望を叶えてくれる可能性がある女性用の性風俗に行くべきか行かざるべきか、持ち合わせる倫理観と願望の間で悩み続け、七〇歳の時に意を決して友人に紹介された性感マッサージ店に行ったそうだ。次は「告白」の続きである。

「友人の紹介とはいえ、夫以外の男性の前で半裸になるのは恥ずかしかったのですが、通常のマッサージと、じっくりとしたおしゃべりで気持ちと体が軽くなり、局部を触られた瞬間、これまでにない快感に全身が支配され、一瞬、天国が見えました。以来、数カ月に一回、その店に通っています」。

七〇～八〇歳の女性客を多く持つ老舗の女性風俗店の男性マッサージ師は、次のように語っている。

「彼女のように、もし自分が経験した以上の快感があるのなら知りたいという女性や、冥土の土産にもう一度オンナとして感じたいなど、深い快感を求めて来られる女性高齢者は多いですね。その一方で、アンチエイジングを目的にされる方もいます。上質なセックスをした夜はぐっすり眠れたとか、翌日、化粧のノリが良くなったなど、女性特有の症状を体験される方は多いと思いますが、それは年齢を重ねても同じで、若さを取り戻しながらいつまでも健康でいたいという理由で来られる方も多い」。

性風俗の女性利用者は、平成に入ってからゆるやかに増え続けているとマッサージ師は話すが、高齢者の人口が増えている事を考えれば、女性用の性風俗を利用する「人数」は増えていても、その「割合」まで増えているかといえば微妙だ。また男性同様、利用する多くの女性は性風俗のお店に通うことを不貞行為とは捉えていないものの、性風俗に通っていることを配偶者に秘密する傾向がみられた。

とはいえ、海千山千の経営者が跋扈しているのが性風俗業界である。この一〇年あまり、脱サラして風俗経営者になる人が多かったこともあり、男性用の性風俗に一般経営者は増えた。しかし反社会的組織が経営に関わっている性風俗も存在している。その中には悪質な「ぼったくり」を繰り返している店もあると聞く。

また、不特定多数の利用者にオーラルセックスをサービスしている以上、性風俗で遊べば、性病や性感染症にかかるリスクは常にあると言ってよい。どんなに管理の行き届いた高級店であっても、男性用の性風俗では性病を店から根絶することは難しく、特に一万円以下で遊べる格安店では衛生管理が行き届いてない所も多く、性病感染率が五割を超えているところも中にはある。

ただ、男性用、女性用の性風俗を問わず、いくら法令を遵守していても、このような倫理面でも、衛生面でも利用者が不利益を蒙りかねない背景が風俗業界にあることを、風俗で遊ぶ高齢者たちは多かれ少なかれ気づいているものだ。アメリカの作家、マーク・トゥエインは「アダムはリンゴが欲しかったから食べたのではない。禁じられていたから食べたのだ」と言ったが、リスクがあっても多くの人が性風俗に遊びに出かけるのは、そうしたリスクを吹き飛ばすだけの刺激と悦びと安らぎが待っているからである。

注

（1）本章に掲載されたインタビュー内容は、すべて、筆者が対面、電話、メール、手紙等によって取材したものである。

参考文献

伊古田俊夫（二〇一四）『社会脳からみた認知症――徴候を見抜き、重症化をくい止める』講談社。
相模ゴム工業株式会社（二〇一三）「ニッポンのセックス」（調査人数一万四一〇〇人〔事前調査：二万九三一五名〕。調査方法はＷＥＢアンケート。調査対象：四七都道府県の二〇～六〇代男女〔一都道府県三〇〇名、性年代均等割付）（http://sagami-gomu.co.jp/project/nipponosex/、二〇一六年六月一三日アクセス）。

社会保障・人口問題研究所（二〇一五）「生活と支えに関する調査」（有効回答票数は世帯票一万一〇〇〇、個人票二万一一七三）。

田村了以（二〇一四）「本能的欲求に基づく動機づけ行動　C　性行動」小澤瀞司・福田康一朗監修『標準生理学　第8版』医学書院、四二一-四二七頁。

日本性科学会（二〇一二）『日本性科学会雑誌』三二（2012・中高年セクシャリティ調査特集号）。

第3章　障害者の性・恋愛・結婚①——肢体不自由者の場合

武子　愛

1　切実な欲求としての「性」

ＮＨＫ Ｅテレ「バリバラ」[1]。二〇一二年にスタートした「バリアフリーバラエティ」というこの番組は、たびたび障害者の恋愛や性に焦点を当てて特集を組んできた。障害があってもなくても、同じように恋愛をし、失恋をし、また幸せな交際をする。一方で、障害ゆえの悩みや障壁がある。その悩みや障壁を、これまでの悲壮な、あるいは感動的な描き方ではないやり方でアピールする「バリバラ」は画期的である。「バリバラ」に象徴されるように、少しずつだが、障害者の性は一般の人たちに認知されつつある。また性欲については、「バリバラ」がスタートする八年前の二〇〇四年に出版された『セックスボランティア』によって、障害者にも障害のない者同様に性的欲求があることが一般的に認知された。

しかし、社会の理解が深まっても、障害者を取り巻く環境はあまり変化していないように感じられる。街を車いすでデートする障害者同士のカップルを見かけることも、障害者の恋愛や性的ニーズを題材にしたドラマを見ることもほとんどない。障害者専用性風俗(2)もあるのだが、一般的にはあまり知られていない。これらの事実から社会における認知が広がるだけでは乗り越えられない具体的な障壁が、そこにあることがうかがわれる。

また、肢体不自由者には、知的障害者および認知症高齢者とは違う固有の課題があると考えられる。本章では、介助が必要な肢体不自由者の性をめぐる問題について検討していきたい。

2　肢体不自由者の周囲を取り巻く問題

旭（一九九三：一二九—一四五）は、障害者の性の問題を、「在宅生活における問題」と「施設介護における『性』」の問題に分けて論じている。言い換えれば、「在宅生活における問題」は、発達途上において親が意図的に行う性からの隔離であり、「施設介護における『性』」は、成人して性的ニーズを発信する権利があるにもかかわらず発信させてもらえない、あるいは発信して拒絶される性的ニーズの否認であるといえる。以下、旭が作成した枠組みである「在宅生活」と「施設介護」に分けてその問題点を探っていく。その前に、障害者についての基本データと、先行研究から見出される現状について触れておきたい。

『障害者白書　平成二八年版』によると、身体障害者数は三九三万七〇〇〇人、人口一〇〇〇人あたりでいうと三一人である。このうち、施設入所者の割合は一・九%、ほとんどの身体障害者が在宅で暮らしている。年齢層では、六五歳以上は六八・七％、一八歳以上六五歳未満は二八・八％となっており、半数以上が六五歳以上である。身体障害者の結婚率に関しては、厚生労働省が在宅の障害者を対象に行った「平成二三年生活のしづらさなどに関する調査」において、配偶者とともに暮らしているとされる身体障害者は六五歳未満で五九・七％となっている。しかし、この数字には中途障害者も含まれている点は注意すべきである。増田（二〇〇四）の研究により、脳性まひのある者は他の身体障害者と比較して、社会参加の程度が低いことが明らかになっている。その理由として、脳性まひ者は先天性の障害であるため、人生において障害のない時期がないことが挙げられている（増田 二〇〇四：二三五-四五）。言い換えれば、障害のない者が経験する結婚を含めたライフステージ上の出来事を経験できないことが指摘できる。中途障害者の中には、障害を有する前にパートナーや配偶者を得た者が多くいることが予想される。中途障害者と先天性障害者を分けずに取った統計データでは、中途障害者が障害を負う前に結婚していることから、先天性障害者のみの場合よりも結婚率が高くなる可能性がある。

また、オーストラリアにおける研究によると、身体障害者にとって、性に関する知識があることや性的関係の経験の有無と人生の質の高さにほとんど関連がないことが調査から明らかになっており、それは、自分の支援者や親など周囲の者の反応によって、彼ら自身が彼らの性的欲求を否定しているからであると結論づけられている（McCabe et al. 2000：115-123）。加えて、重度の身体障害者は、軽度の身体障害、あるいは障害のない者と比較して、どのような形であれ性的関係を持ちにくいことおよび結婚しにくいことが明らかになっている（Taleporos & McCabe 2003：25-43）。海外の研究からは、周りの環境から影響を受けることにより、性的欲求を自ら抑圧する身体障害者の姿が浮き彫りになっているといえる。

（1）発達途上での性からの隔離——家族によるもの

家族による性からの隔離については、土屋（二〇〇五：二三〇-二六七）が、その課題を二点挙げている。一点目は、性情報が中々得られないなどの「物理的バリア」がある問題である。肢体不自由者は、性に関する書物や雑誌、テレビやビデオを一人で見ることができない上に、親が積極的に子どもに性情報を与えているわけでもなく、かといって友人やきょうだいとも性について話していないため、情報が得にくいことを土屋は指摘している。二点目は、プライバシーがなく、秘密が持てない問題である。土屋は、家庭においてプライベートな空間が持てないことは、家族や介護者に日常生活のケアを依存することになり、ほとんどの障害のない者が当たり前に持っているプライバシーの保持が厳しく制限されることを指摘している。

障害の程度にもよるが、肢体不自由者の中には二四時間三六五日の介助を必要とする人も少なくない。ずっと一緒にいれば、介助者の目の前で性的ニーズが生ずることもあるはずだが、親などに性的ニーズを充足するための介助は依頼しにくい。マスターベーション介助の依頼はもちろん、ＡＶレンタル、成人雑誌の購入の依頼も難しい。好意を持った相手へ連絡する事も依頼しづらい。さらに、部屋の片づけを自らの手でできない場合、避妊具、パートナーに見せることを想定した下着等、親には隠しておきたいものが隠せない状態になる。自らの性的ニーズを満たすためには、それを秘密にしておくことができず、必ずそのニーズを表出し、介助を求めることが前提になってしまうのが、肢体不自由者の性的ニーズを満たす困難の一つといえる。

(2) 成人となった後の「性的ニーズ」の否認——施設および専門職によるもの

個室で利用できる障害者施設はほとんどない。利用する肢体不自由者にとって個室が稀ということは、自慰行為をしたり恋人と過ごす空間がないため、結果的に性的ニーズを否認される形になっている。かといって、施設でプライベートな空間を作ることは難しい。その背景には施設の広さや公共性だけの問題でなく、施設の管理責任が問われるという問題がある。蒔田(一九九八:八九–一〇〇)は、利用者の性は、「『事件』や『問題』として発露することが多い」としており、施設外では問題にならない、プライベート空間に二人でいること、キスをすること、ラブホテルに行くことが施設内では問題とされることを報告している。その背景について、蒔田は、一つ目に「生活上のエチケットに反すること」、二つ目に「結婚や愛情の前提がないセックスは良くない」という価値観を挙げるが、三つ目に知的障害を重複して有している女性を中途障害男性から守るという意味で「施設は安全地帯でなければならない」ことを挙げている。「安全地帯」にしておくためには、目が届かない場所を作らないなど、良く言えば配慮、悪く言えば監視が必要になってしまう。

とはいえ、大半の身体障害者の生活が在宅であることは前述したとおりであり、今は圧倒的に在宅者が多い。では、在宅になったから性的ニーズが満たせるようになったかといえば、そうとはいえないと考えられる。前述したように、肢体不自由者の場合、性的ニーズが満たせるか満たせないかは、物理的に手を貸してくれる人がいるかどうか、つまり介助をしてくれる人がいるかどうかにかかっているからである。したがって、在宅生活が中心になりプライベート空間が保障されれば、性的ニーズを満たすことを阻む障壁は一つ減るが、介助の問題、すなわち専門職による否認の問題という障壁は残されたままになる。

性風俗を例に出して述べる。利用者の男性の性風俗に行きたいというニーズに応えて、ヘルパーが連れていく。性風俗従事者は介助の専門家ではないので、介助行為を任せるのは不安である。しかし性行為はプライベートなものだし、立ち会われることは不快だろうから、性風俗従事者に任せてその場を離れる。もし性風俗のサービスを受けている時、つまりヘルパーが離れている時に、転倒してけがをしたり性行為によって体調不良になるなどの事故があったとすれば、ヘルパー事業所が管理責任を問われる場合もあるだろう。

また、性風俗利用については女性の人権をめぐって賛否両論ある。ヘルパーが性風俗利用について、女性の人権を守る立場から否定的であれば、性風俗に同行することはしにくい。一方で、ヘルパーは悩む。自分が連れていかなければ、彼らは性風俗を利用できない。障害のない人たちが利用できるのに、障害があるというだけでアクセスすらできない状況はおかしいのではないか、と。

この課題は、福祉先進国と言われるスウェーデンでも議論が行われている。スウェーデンにはパーソナルアシスタンスという障害者支援の制度があるが、この制度には性的な支援をどうするかという指針はない。そのため、たとえばセックスワークが合法であるデンマークでセックスワーカーを訪問する事を支援して良いか、というケースがスウェーデンの公式文書を用いて検討されていた。その際、違法ではないが倫理に反しており、組織が他者の身体を搾取しかねないことを支援することについての道徳的な点との関連が指摘されていた（Bahner 2015：788-801）。

結論は、連れていくかいかないか、その二つしかない。しかし支援者にとって結論に至るまでの道のりは遠くて暗い。悩みながら、周囲からさまざまな意見も受けながら、誰も答えを持っていない中で自ら答えを出す作業を迫られるからである。

3　本人を取り巻く問題

（1）障害者は恋愛と結婚において不利

倉本（二〇〇五：九‐二九）は、「当人が望んでいるにもかかわらず、社会的な不公正ゆえに、貨幣を直接の交換手段として用いることなしには性的なコミュニケーションの相手を見つけることが難しい人たち」を「性的弱者」と定義し、障害者が「性的弱者」になりやすいことを指摘した。倉本は、障害者が「性的弱者」となりがちである要因について、四つ挙げている。まず一つ目は出会いがない問題、二つ目はコミュニケーションスキルや収入が低い問題、三つ目は顔や身体の形状と動きが著しく違うと不利になる問題、四つ目は障害者が歴史的に自ら性的な欲求を持ったり、性的関係を望む存在として捉えられてこなかった問題である。

倉本の「性的弱者」論は、健常者と重なる問題と障害者特有の問題に分けることができる。出会いがない問題、コミュニケーションスキルや収入が低い問題、顔や身体の形状と動きが著しく違うと不利になる場合に関しては、健常者と重なる点もある問題である。ただし、健常者と違うのは、その背景である。出会いがない問題には、街がバリアフリーでないから外出しにくいという問題も含まれている。コミュニケーションスキルは、障害者の外出しにくさゆえの活動範囲の狭さからくる人間関係の広がりの無さが影響している。収入の問題は特に男性障害者に強く意識される問題だが、そもそも一般就労が難しい環境の中で、一般的な結婚の条件とされるようなある程度の年収を望むことは難しい。そして顔や身体の形状については、たとえば、車いすの恋人も最初から想定の範囲に入れているかどうかということである。それらの根底には、障害者が歴史的に自ら性的な欲求を持ったり、性的関係を望む存在として捉えられてこなかったことがあり、社会構造はもちろんのこと、制度そのものも彼らの恋愛や結婚を視野に入れて作られていない。

(2)「性的ニーズ」の発信を抑圧される障害者

肢体不自由者が性的ニーズを満たすためには、その発信が前提だが、前述したように、その性的ニーズの発信を抑圧される障害者がいることも予想される。たとえば、松波（二〇〇五：四〇-九二）は、女性障害者を取り上げ、男性に比較して女性は性的に「受け身」であることが求められているために、性的な関心を持つこと自体、「『あの子はおかしい、はしたない』『女の子にあるまじきこと』」と見られ、それは「生活を脅かしかねない」ものであると捉えている。しかしながら、対支援者でいえば男女ともに性的ニーズを言い出しにくいのが現状であろう。たとえば、男性障害者が女性のヘルパーに具体的な性的ニーズの発信をした場合、とりわけマスターベーション介助等は、セクシュアルハラスメントと受け取られかねない。非ヘテロセクシュアルの介助者もいるため、同性の障害者であってもセクシュアルハラスメントになる場合もある。

では、恋愛や結婚はどうか。二〇年前と違い、今は以前よりは容易に、肢体不自由者がインターネットを通じて恋愛や結婚への願望を発信できるようになった。そのことによって、パートナー候補者と出会いやすくなった。一方で、ネット上で関係を深めて実際に会いたいとなった際には、支援者に同行を依頼する必要がある障害者は多い。障害の程度にもよるが、実際に会って性的接触をする場合に、支援者の介助なしではできないカップルもいる。それらの性的ニーズの発信を、はたして利用者が支援者にできるだろうか。また、結婚には別の障壁がある。車いすユーザーが含まれるカップルの場合、同居するにあたってバリアフリーの住居が必要になる。次に子どもを持つか持たないか、持つならどう育てるかという課題がある。それらの課題抜きには結婚の話ができないため、肢体不自由者は健常者と比較すると、はるかに慎重に、恋愛や結婚に関する性的ニーズを発信しているだろうことが予想される。

4　障害者の権利に関する条約

二〇〇六年、国連によって障害者の権利に関する条約（以下、障害者の権利条約）が採択され、日本は二〇〇八年に批准した。障害者の権利条約には、家族と生殖に関して言及している条文がある。「第二三条　家庭及び家族の尊重[3]」である。次は、この条文である。

「(a)　婚姻をすることができる年齢の全ての障害者が、両当事者の自由かつ完全な合意に基づいて婚姻をし、かつ、家族を形成する権利を認められること。

(b)　障害者が子の数及び出産の間隔を自由にかつ責任をもって決定する権利を認められ、また、障害者が生殖及び家族計画について年齢に適した情報及び教育を享受する権利を認められること。さらに、障害者がこれらの権利を行使することを可能とするために必要な手段を提供されること。

(c)　障害者（児童を含む。）が、他の者との平等を基礎として生殖能力を保持すること」。

障害者の権利条約では、結婚にも、出産にも、誰からも干渉されずに当事者だけで決めることができること、生殖能力には周囲の誰からも干渉はなく、そのままにしておけることが権利として謳われている。とりわけ、結婚が当事者の合意で成立することは、日本国憲法で認められている権利でもある。それはすなわち、障害のない者と障害者は同じ条件に置かれているということでもある。

しかしながら、性的ニーズの実現は困難なのが、肢体不自由者の現状である。柴崎（二〇〇五：一八–二〇）は、障害者は性的活動に関する干渉がないだけでは性的ニーズが満たせないことを指摘し、「こういう人々に対して、その性的活動については公権力からの干渉がないというだけでは、それはありていにいえば『ほったらかし』であって、とてもその性的な権利の保障にはならない」と述べている。障害者の権利条約では、干渉がないことまでは保障されているが、肢体不自由者の場合は、周囲からの良い意味での干渉がなければ性的ニーズが満たせないことに難しさがある。

5　「性的ニーズ」を要求できるかどうかは運次第——支援者の姿勢が鍵

腕と足の一部、あるいは全部が十分に動かず、支援者がいなければ外出だけでなく、日常生活がままならないという状況を予想してみる。食事介助や排泄介助等、命や健康に関係し日常的に必要な行為である場合、介助者はもちろん、介助者がいない場合に逼迫した状況に陥れば、介助者でない者にすら介助を依頼できる。しかし、タバコやお酒、ギャンブルなど、無くても生命の維持に関係せず、社会でも賛否両論あるものに関しての介助は果たしてどうだろうか。とりわけタバコは、体に悪いものとされており、最近では副流煙も問題とされてきている。介助者には、障害者を危険から守る役割もある。障害者がタバコに火をつけることを介助者に依頼した際、介助者が良かれと思って「タバコは体に悪いからやめた方がいいし、自分も副流煙が辛いのであまり同席したくない」と言ったとしたら、その後、その障害者は同じ介助者にタバコに火をつけることは依頼しないだろう。

それと同じ構造が、性的ニーズにも重じることが予想される。性的ニーズの中でも性風俗を利用した性行為に関しては、その行為がなくても命にも（身体的な）健康にも影響はない。むしろ性風俗は女性の権利侵害と捉えられたり、性行為には性感染症のデメリットもあるため、介助者としてはよかれと思ってそれらの介助を依頼された際に抑止するよう諭したり、依頼をやんわりと断わるなど否定的な態度を取ることも予想される。結局、嫌な思いをして引き受けてもらえないくらいなら、最初から言わないという選択をする肢体不自由者は少なくないだろう。その結果、彼らのニーズは潜在化する。

肢体不自由者が性的ニーズを満たすためには、独力では無理なため、まず、そのニーズを介助者に伝え、介助者がそのニーズを自らの心と体に一度通過させて実際に手を動かす（＝介助）ことが必要になる。つまり、まずは性的ニーズを介助者に伝えることが重要になる。肢体不自由者が性的ニーズを表明することすら大変難しい今の状況は、利用者の性的ニーズに対する支援の議論の入口にすら立っていないのかもしれない。

注

（1）ＮＨＫ Ｅテレ「バリバラ」サイト（http://www6.nhk.or.jp/baribara/、二〇一七年六月三〇日アクセス）。

（2）メディアに取り上げられることがある事業所の代表例として「はんどめいど倶楽部」などがある（http://handmaid.x.fc2.com/newpage2.html、二〇一七年六月三〇日アクセス）。

（3）訳文は外務省の障害者の権利条約日本語訳に従った（http://www.mofa.go.jp/mofaj/fp/hr_ha/page22_000899.html、二〇一七年六月三〇日アクセス）。

参考文献

旭洋一郎（一九九三）「障害者福祉とセクシュアリティ――問題の構造とケアの課題」『社会福祉学』三四（二）、一二九-一四五頁。

河合香織（二〇〇四）『セックスボランティア』新潮社。

倉本智明（二〇〇五）「性的弱者論」倉本智明編著『セクシュアリティの障害学』明石書店、九-三九頁。

柴崎律（二〇〇五）「セクシュアル・ライツは可能か」『唯物論研究』九三、季報『唯物論研究』刊行会、一八-三〇頁。

土屋葉（二〇〇五）「『父親の出番』再考――障害をもつ子どもの性をめぐる問題構成」倉本智明編著『セクシュアリティの障害学』明石書店、二三〇-二六七頁。

蒔田桂子（一九九八）「肢体障害関係施設における『性』の問題」谷口明広編著『障害をもつ人たちの性――性のノーマライゼーションをめざして』明石書店、八九-一〇〇頁。

増田公香（二〇〇四）「加齢する肢体不自由障害をもつ人々の参加の要因分析――障害種類別にみる特性に焦点をおいて」『社会福祉学』四五（一）、三五-四五頁。

松波めぐみ（二〇〇五）「戦略、あるいは呪縛としてのロマンチックラブ・イデオロギー――障害女性とセクシュアリティの間に何があるのか」倉本智明編著『セクシュアリティの障害学』明石書店、四〇–九二頁。

Bahner, J. (2015) "Sexual professionalism : for whom? The case of sexual facilitation in Swedish personal assistance services" *Disability & Society* 30 (5), pp. 788–801.

McCabe, M. P. & Cummins, R. A. & Deeks, A. A. (2000) "Sexuality and Quality of Life Among People with Physical Disability" *Sexuality and Disability* 18 (2), pp. 115–123.

Taleporos, G. & McCabe, M. P. (2003) "Relationships, sexuality and adjustment among people with physical disability" *Sexual and Relationship Therapy* 18 (1), pp. 25–43.

第4章　障害者の性・恋愛・結婚②——知的障害者の場合

武子　愛

1　知的障害者であるがゆえに生じる困難

(1)「性的ニーズ」を満たせない知的障害者と性的行為を強制される知的障害者

知的障害者の性の問題として論じられていることは、大きく二つある。一方は、福祉サービスを受けている人々が性から隔離されている状態であり、もう一方は、福祉サービスを受けていない軽度知的障害女性が性風俗等において性搾取されているように見える状態である。前者は性的ニーズがある存在とは認知されておらず、逆に後者は性的に消費される存在となっている。共に他者と出会って親密な関係となり、人によっては子どもを持つという一般的なライフコースからは著しくかけ離れた状態に置かれやすい立場にある。

前者の福祉サービスを受けている人々が性から引き離されている状態については、福祉現場においても研究の場においても、度々議論されてきた。その背景には、優生学的思想と彼らを性的ニーズを持たない存在とする差別的な人間観（河東田 一九九九：一二三－一四五）、遺伝への懸念（西谷 一九七八：

七三-八八）など、いろいろな要因がある。いずれも生殖に関わることであり、周囲は知的障害者が子どもを持つことについて、消極的に見ていることがわかる。子どもを持たない存在であれば、性交および結婚はしない。性交も結婚もしないなら恋愛もしない……。知的障害者はそのようにして、親密な関係を築くための機会すら持てない状態に置かれてきた。一方、後者は婦人保護施設を中心とした女性福祉の場で少しずつ語られているのみであり、この二つの問題がこれまで同じ場で議論されたことは管見の限りなかった。本章では両者の間にある共通の課題を明らかにし、検討してみたい。

(2) 成人してから療育手帳を取得

「知的障害」に法律上明確な定義はない。たとえば、福祉サービスとつながっているという意味で療育手帳を保持している者に限定すると、厚生労働統計協会編（二〇一六：二八四）によれば、一八歳以上の療育手帳保持者は重度の者が三一万六四六七人、中軽度の者が四一万二〇九五人であり、全体で七二万八五六二人となっている。しかし知能指数（七〇以下）を指標とすると「知的障害に該当するランクの人たちの出現率は二〜三%」（一番ケ瀬監修 二〇〇四：一三九-一四四）と言われているため、日本の人口全体一億二六八二万人（二〇一七年一月時点）から割り出すと、二五三万人から三八〇万人程度いることが予想される。なお、知的障害者の総数、すなわち療育手帳保持者に関しては、行動の適応状態によっても判断されること、サービスを提供される対象に配布されること（一番ケ瀬監修 二〇〇四：一三九-一四四）から限定されて少なくなっていることが指摘されている。

実際、筆者も支援の必要性から成人してから療育手帳を取得するケースを見聞きしている。本節では、そのような推計可能な福祉サービスを受けている人の他に、本来、福祉サービスを受けられるが療育手帳保持者ではない人も含むため、対象者の全体数の把握はできないことを記しておく。

2　施設を利用する知的障害者の問題
――「性的ニーズ」を満たすことができない人々

(1) 結婚が困難な知的障害者

福祉サービスを受ける知的障害者の施設における性の問題として、森昇が「マスターベーション」「性行為とその結果の妊娠」「利用者と施設職員の関係」(森 一九九九：一三九-一四六) の三つを挙げている。本節ではその中でも、他者を巻き込んでいく「性行為とその結果の妊娠」について検討する。

ここで、施設を利用する知的障害者の数について推計しておく。厚生労働省が在宅の障害者を対象に行った厚生労働省社会・援護局障害保健福祉部編 (二〇一三) によると、障害者自立支援法 (現・障害者総合支援法) による福祉サービスを利用している六五歳未満の知的障害者は全体の五三・六%で、半数以上の療育手帳保持者が福祉サービスを利用していることがわかる。さらに施設入所者は、内閣府編 (二〇一六：一九四) によると、一八歳以上で推計一一・二万人 (一九・四%) と約五人に一人が施設入所者である。多くの知的障害者に支援者がつき、福祉サービスを受けていることがわかる。

「両想いになってゆくゆくは結婚することが恋の成就ならば、ここにいる利用者の恋はほとんど成就しない」――これは、「利用者が身体的快楽や恋愛を知らないことについてどう思いますか」という筆者の問いに対して、ある支援者が答えてくれた言葉である。実際、先行研究においても、支援者や保護者は結婚やその前提となる異性との関わりを「知的障害者のライフコース上にありうる出来事とは位置づけていない」(新藤 二〇一三：一五五－一九四)ということが確認されている。

加えて、調査統計から見ても知的障害者はほとんどの人が結婚しない。厚生労働省社会・援護局障害保健福祉部編(二〇一三)に取り上げられている「同居者の状況」を見ると、六四歳以下の知的障害者の同居有配偶者率は五・一％であり、身体障害者五九・七％、精神障害者二五・四％と比較すると著しく低い。では、当事者が結婚を希望していないのかといえばそうではなく、結婚に対する知的障害者の希望は、サンプルが少ないながらも六割を超えているという研究結果がある(井上・郷間 二〇〇一：三四二－三五三)。このデータからわかることは、知的障害者が結婚できない理由があるということである。次項では、先行研究から把握される福祉サービスを利用する知的障害者の恋愛・結婚・子育てをめぐる問題について述べていく。

(2) カップルで住むことができない

知的障害者は、結婚しているかしていないかにかかわらず、地域で独立して生活を送る人がほとんどいない。厚生労働省社会・援護局障害保健福祉部編(二〇一三)に取り上げられている「同居者の状況」によれば、「一人で暮らしている」人は六五歳未満でわずか二・七％である。一方、圧倒的に多いのが「親と暮らしている」人であり、九割を超えている。知的障害者は施設に入所するか、もしくは成人になっても親と離れず同居しているということが、この調査からわかる。すなわち、単身かカップルかにかかわらず、知的障害者が地域のアパートなどで自立生活をするための制度が十分でないことが推測される。

施設は支援の対象となった人が入所してくる場所であって、条件を満たさない人は入所できない。もし、利用者が施設に入所したままパートナーと一緒に暮らしたい場合、パートナーが入所の条件を満たして施設に入ることになる。夫婦で入れるグループホームでの夫婦寮の取り組みもいくつか聞くが多くはない。したがって、支援が十分でなくても、地域で独立生活を送ることができて、経済的に安定しており、ある程度生活スキルが身に付いた知的障害者でなければ、カップルで住むことが難しいということになる。

（3）子育ての支援体制がない

さらに難しい問題となるのが、子育てである。知的障害のある親が出産した後の子育て支援の体制が、地域に十分にあるとは言い難い。この事を裏づけるように、知的障害者の結婚生活を支援する支援ネットワークの必要性について指摘した研究は多い（山本 二〇〇九：一〇一八-一〇二四、布川・加瀬 二〇〇三：四二-五〇、河東田・河野・小林 一九九七：三七-四四）が、知的障害者がパートナーと暮らすことを事前に想定して、あらかじめ支援ネットワークを作っておく地域は多くないだろう。長崎県の社会福祉法人南高愛隣会が取り組む「結婚相談室『ぶ〜け』」では豊富な支援ネットワークを持つが、[1]他地域で同じ取り組みを行っているケースは、筆者の知る限り見聞きしていない。

もし、現在そのカップルが子育てをすることが難しい状態にあり、カップルも子どもを望んでいない場合、避妊方法を身に付けることで、支援者は安心して見守ることができるはずである。しかし、その方法と教え方には課題がある。実際に性行為をしているカップルの場合は、避妊するならばどのような方法でするのか、その方法をどのように習得していくのかが課題になってくる。避妊効果の高い低用量ピルは服薬管理が難しいこと、薬価が高いこと、婦人科への通院が難しいことなどから、実際に利用に至っているケースは多くないと考えられる。ＩＵＤ（子宮内避妊用具）を入れる避妊方法については、医師による装着および除去が必要であることから支援者にとっては抵抗があると予想される。コンドームによる避妊は、支援者が実際の装着を確認できない上に失敗の危険もある。海外には上腕皮下に小さな棒状のものを埋め込むインプラントによる避妊方法[2]があるが、日本では認可されていない。

（4）支援者のジレンマ――「寝た子」は寝たままの方が穏やかで幸せ？

『国語辞典 第三版』（集英社）によると、「ジレンマ」とは、「二つの事柄のどちらにも決めかねる苦しい状態。板挟み」という意味である。知的障害者の性は、まさに支援者にジレンマを抱かせるものである。恋愛を温かく見守りたいが、見守るために必要な支援ネットワークはない。さらに、一度結婚して離婚すれば当事者は傷つく上に、もう一度独身時代に利用していた施設に戻れる確証はない。知的障害者にとって恋愛と結婚が幸せそうに見えても、支援者から見ればそれはハイリスクな行為なのかもしれない。この点については、「利用者の性で悩んでいるか」という質問に、ある支援者が答えてくれた次の言葉が象徴的だと思われる。

「悩まないでいるためには、見ないでおこうと思っている感じですね。お互いに不利益を被らないために、見ないようにしておこうと」。

見てしまえば、大きな問題に立ち向かうことになってしまう。だから支援者は見て見ぬふりをする。そこにあるのは、変えられないという諦めなのだろうか。それとも、優先順位として性的ニーズは低いという選別なのだろうか。

3　性風俗産業に利用される女性

(1) 福祉サービスとつながりが薄い軽度の知的障害者

福祉サービスを利用している知的障害者は、前述したように、その大半が性から隔離されている状況にある。その一方、福祉サービスとのつながりが薄い軽度知的障害女性は逆に、性風俗産業に取り込まれていっている状況が近年徐々に明らかになっている。

二〇一四年一月、ＮＨＫ Ｅテレ「ハートネットＴＶ」「シリーズ・貧困拡大社会」において婦人保護施設における軽度知的障害女性の問題が取り上げられた。番組に出演した宮本節子氏は、事前に公表されたこの番組のサイトのインタビューで、知的障害を持つ女性と性風俗産業がリンクされて社会問題化されたことはこれまで一度もないことを述べており（ＮＨＫハートネットＴＶサイト）、この番組が軽度知的障害女性と性風俗産業の問題を社会に知らしめたきっかけとなったといえるだろう。次に、この問題に焦点が当てられるのは、二〇一四年に出版された『最貧困女子』においてである。街をさまよう「最貧困女子」の可視化を目指して書かれたこの著書の中に、知的障害者の女性が三名登場する。インタビューから、彼女たちは全員「『パッと見て何らかの障害がある』と思われる路上の女性に積極的に声をかけている人々」（鈴木 二〇一四：一二七）から声をかけられたことをきっかけに、性風俗に足を踏み入れたと考えられるが実態は未だ明らかではない。

（2）婦人保護施設――傷ついた女性たちが最後にたどり着く場所

婦人保護施設は、根拠法が売春防止法であり、ＤＶ被害者などの一時保護のほか、「性交又は環境に照して売春を行うおそれのある女子」が保護されて入所するところである。厚生労働省（二〇一六）によると、二〇一五年一〇月現在で全国四七施設であり、利用者は三七四名である。宮本（二〇一三：五三－一〇七）によると、二〇〇九年度の東京都の婦人保護施設五施設の利用者数は二四七名、そのうちの八二人に売春経験があり、療育手帳保持者は三三名である事が明らかにされている。

しかしながら、ある婦人保護施設では「療育手帳を保持していなくても、知的能力から支援に配慮を要する方は非常に多く、八〇～九〇％を占めているのではないかというのが実感である」（ポルノ被害と性暴力を考える会 二〇一〇：一三二－一三六）との指摘があり、施設に入所してから療育手帳を取得する利用者が少なくないことが示唆されている。この指摘から、本来ならば福祉による支援を受けているはずなのに受けておらず、運良く婦人保護施設にたどりつけたことで、やっと福祉による支援につながることができた人の割合が高いということがわかる。

また、ポルノ被害と性暴力を考える会（二〇一〇：一一九－一四一）の書籍では、女性たちがＡＶに出演して、あるいは性風俗業に従事して、あるいは家族からの性暴力にあって、婦人保護施設に辿りついた重苦しいケースが複数紹介されている。彼女たちは、家族の中に居場所がなく、お金もなく家を出て、一人で生きていくために性風俗にからめとられ、理不尽なことをされてもそのことを訴えられないために、「都合よく搾取され」「危険きわまりない状態で売春させられる」ことが指摘されている。

4　「搾取」による「寂しさ」の解消——軽度の知的障害者が抱えるジレンマ

前節第2項で引用した書籍には、「これまで社会では馬鹿にされてきたけれど、売春産業なら相手にしてもらえる、居場所と感じられると戻っていく人もいる」（ポルノ被害と性暴力を考える会 二〇一〇：一三六）という表記がある。支援をしていても、気がつけば支援途中で婦人保護施設を出て売春に戻ってしまう利用者がいるということである。婦人保護施設では、利用者がやりがいをもって仕事ができるよう、その利用者に向いた作業を支援者が探している。前節で取り上げた「ハートネットTV」に、作業によって生活が安定した女性も登場していた。売春産業ではない場所に彼女たちの居場所を作り、自信をつけてもらうためである。

しかし、筆者はそこで疑問を感じざるを得ない。仕事場という居場所だけでいいのだろうか。筆者が知的障害者の支援に従事していた頃、恋人が欲しいという利用者を前に、「そのためには作業頑張って、親御さんのところから独立する必要があるね」と伝えた経験がある。福祉的就労に従事する知的障害者の大半が経済的に自立できる可能性がほとんどないことを知っていながら、そのことを伝えていた。それは筆者が、彼らが恋愛する権利を一生涯において否定したと言っても過言ではない行為だったと思う。

筆者は、施設に通所・入所しているがために、性から隔離されてきた状態の知的障害者たちを見てきた。筆者自身が、そうさせていた利用者たちでもあった。その中で感じることは、彼らの寂しさであった。前述した「相手にしてもらえる」（ポルノ被害と性暴力を考える会 二〇一〇：一三六）という言葉に、筆者は福祉サービスが抱える問題が現れていると考えている。筆者は現場にいた頃、知的障害者は誰かにじっくり向き合ってもらう時間が少ないのではないかということを感じていた。向き合うためには、一般的には言葉によるコミュニケーションが重要になるからである。

知的障害者の家族は忙しく、成人したわが子の話を十分に聞く時間は取りにくい。多くの利用者を支援する支援者も、利用者が満足と思えるほど一対一で向き合う時間を毎日持つことは難しい。では家族と支援者の他にゆっくり向き合う他者がいるかと考えると、抽象的な話の理解が難しい場合や、自分の思いや意見を「うまく」表現できない場合もあり、会話のキャッチボールが難しい場合も多々ある。言葉によるコミュニケーションがとりにくいため、心理的に深いコミュニケーションが難しい。それは本人と周囲との心理的距離の拡大につながると考えられる。

一方で、身体接触によるコミュニケーションはどうだろうか。知的障害者にとっての身体的な接触というのは、知的障害を持たない人とは違う意味を持つのではないだろうか。言葉は難しいし、心は見えない。一方で身体は見えるし、抱きしめられれば向き合ってもらっている実感がわく。彼らは身体の接触を通して、家族からも支援者からも、あるいは友人からも感じることができない「受け止められている」という感覚を感じているのだと考えることはできないだろうか。

社会学者の筒井（二〇〇八：一－三二）は、特定の人との密な付き合い、つまり親密な関係からは「メンタルな満足」を得やすいこと、その満足は、逆に「市場の効率的な、そして政府の公平なシステム」からは得られにくいことを指摘している。「メンタルな満足」を、施設にいる知的障害者に対して、果たして支援者が、あるいは周囲の人が提供できるのだろうか。支援者から見て危うい恋愛をしているように見える利用者も、性風俗で搾取されているように見える知的障害の女性も、身体での接触によって一対一で受け止められていると実感して満たされた気持ちを得ているのかもしれない。それが支援者から見て抑止する必要があると考えられる行動なのであれば、それら満たされた気持ちの代替となり得るものが必要である。

筆者は、福祉サービスを受けている人々が性から隔離されている状態と、福祉サービスを受けていない軽度知的障害の女性が性風俗において性搾取されているように見える状態にあることにおける共通の課題は、彼らの寂しさであると考えている。彼らの寂しさに支援者である者たちが向き合う時、その寂しさを癒すために何ができるのだろうか。

注

（1）　南高愛隣会結婚相談室「ぶ～け」に関しては、平井威氏と「ぶ～け」によって、その取り組みが著書となっている。

（2）　ＬＡＲＣ（Long-acting reversible contraceptives）と呼ばれる、長期的（三年以上）に使え、いつでもやめられるタイプの避妊薬の一つ。上腕皮下に挿入するインプラントと子宮内避妊薬（ＩＵＤ・ＩＵＳ）をまとめてＬＡＲＣと呼ぶ（「性と健康を考える会ニュースレター」二〇一六年一月二九日）。河本（二〇〇六：一三三―一三八）は知的障害者の避妊法について、ピルは飲み忘れがあること、性行為をしたことを周囲に伝え忘れることがあるため緊急避妊薬も難しいことから、本人が忘れることなく周囲の人も確認できる上腕皮下に挿入するインプラントがよく利用されている避妊法の一つと紹介している。日本においてはアメリカのナースプラクティショナーである儀宝由希子氏が、性と健康を考える女性専門家の会主催の勉強会（二〇一五年一二月一九日開催）で詳しく紹介した。

参考文献

一番ケ瀬康子監修、手塚直樹・青山和子（二〇〇四）『知的障害児・者の生活と援助――支援者へのアドバイス』一橋出版。

井上和久・郷間英世（二〇〇一）「知的障害者の結婚と性に関する調査研究」『発達障害研究』二三（四）、三四二―三五三頁。

NHKハートネットTVサイト（http://www.nhk.or.jp/hearttv-blog/500/174748.html、二〇一七年六月三〇日アクセス）。

河東田博（一九九九）「性の権利と性をめぐる諸問題」松友了編著『知的障害者の人権』明石書店、一二三―一四五頁。

河東田博・河野和代・小林繁一（一九九七）「知的障害者のセクシュアリティと結婚生活支援に関する研究」『平成九年度厚生省心身障害研究「心身障害児（者）の地域福祉体制に関する総合的研究」』三七―四四頁。

河本佳子（二〇〇六）『スウェーデンの知的障害者――その生活と対応策』新評論。

厚生労働省（二〇一六）「平成二七年社会福祉施設等調査」（http://www.mhlw.go.jp/toukei/saikin/hw/fukushi/15/dl/kekka-shousaihyou01.pdf、二〇一七年六月三〇日アクセス）。

厚生労働省社会・援護局障害保健福祉部編（二〇一三）「平成二三年生活のしづらさなどに関する調査（全国在宅障害児・者等実態調査）結果」（http://www.mhlw.go.jp/toukei/list/dl/seikatsu_chousa_c_h23.pdf、二〇一七年一一月九日アクセス）。

厚生労働統計協会編（二〇一六）『国民の福祉と介護の動向二〇一六／二〇一七』。

新藤こずえ（二〇一三）『知的障害者と自立――青年期・成人期におけるライフコースのために』生活書院。

鈴木大介（二〇一四）『最貧困女子』幻冬舎。

筒井淳也（二〇〇八）『親密性の社会学――縮小する家族のゆくえ』世界思想社。

内閣府編（二〇一六）『障害者白書 平成二八年版』。

西谷三四郎（一九七八）『精神薄弱の医学と教育』福村出版、七三‐八八頁。

布川千佳子・加瀬進（二〇〇三）「知的障害者の結婚生活支援体制の現状と課題――生活支援ワーカーの業務状況基礎調査を手がかりに」『さぽーと』五〇（四）、四二‐五〇頁。

平井威・「ぶ～け」共同研究プロジェクト（二〇一六）『「ブ～ケ」を手わたす――知的障害者の恋愛・結婚・子育て』学術研究出版。

ポルノ被害と性暴力を考える会（二〇一〇）『証言 現代の性暴力とポルノ被害――研究と福祉の現場から』東京都社会福祉協議会。

宮本節子（二〇一三）「差別、貧困、暴力被害、性の当事者性――東京都五施設の実態調査から」須藤八千代・宮本節子編著『婦人保護施設と売春・貧困・DV問題』明石書店、五三‐一〇七頁。

森昇（一九九九）「知的障害関係施設における『性』の問題」谷口明広編著『障害をもつ人たちの性――性のノーマライゼーションをめざして』明石書店、一三九‐一四六頁。

山本良典（二〇〇九）「知的障害のある人たちの性に関する生活支援」『保健師ジャーナル』六五（一二）、一〇一八‐一〇二四頁。

第5章　障害者と性風俗

後藤宰人

1　健常者も障害者も同じ

多くの男性にとって、定期的な性欲の処理は必要不可欠な行動である。健常者も障害者も関係はない。たとえ勃起不全であっても、人は心が健康な状態であるならば性欲は高まってしまう。これは第2章3節に掲載した伊古田俊夫医師（脳神経外科）の解説の通り、視床下部など性行動関連脳領域が健在で、神経伝達物質、そしてわずかな性ホルモンがある限り、性欲は維持されているからだ。障害者の性問題に取り組む任意団体「Ｄｏｃｈ」代表の堀内宗喜氏は、インタビューのはじめに、次にように筆者に問いかけてきた。

「私は手足が動かない頚椎損傷者です。勃起はしますが、夢精はなく、生成された精子も排泄されるだけです。しかし、性欲は健常者同様にあります。交通事故で障害者となり手足が動かなくなりましたが、立場や状況が変わろうとも、性の本質は何も変わりませんでした。では、勃起不全でも性欲だけがあり、パートナーもおらず、自力でマスターベーションもできない私のような頚椎損傷者は、どうやって性欲を解消していると思いますか？[1]」。

返す言葉に窮していると、彼はこう答えた。

「答えはアダルト動画を見続ける事です。インターネットにアクセスして見続けます。終わりはありません。健常者ならばある程度の所で射精してスッキリさせますが、物理的な刺激を自分でつくれない僕たちは、たとえ射精機能があったとしても、多くの人が射精できません。体の中のモヤモヤが解消されないので、ひたすら見続けるしかないのです。僕たちの終わりは『飽きること』です。七時間、八時間とＡＶを見続けて、見飽きて裸を見ても興奮しなくなった所で、はじめて終わることができます。非常に不毛で生産性の無い時間を処理できない性処理に費やすのが私たちの『マスターベーション』です」。

堀内氏のこの問題を「解消」してくれたのが性風俗の存在だと、続けて次のように話してくれた。

「障害者の性を取り巻く現状は、散々たるものです。ＴＥＮＧＡなどの自慰グッズに自助具を取り付けられれば一人でマスターベーションが可能になる男性もいます。しかし、それを取り付けてくれるヘルパーはほとんどいません。ＤＶＤをデッキにセットしてリモコンの再生ボタンを押す『動作』も、ＤＶＤの中身がアダルト動画ならば頼むだけでセクハラ問題へと発展しかねないのが実情です。Ｄｏｃｈの掲示板に寄せられた話の中には、買い物の一つとしてコンドームをお願いしたら事業所からクレームが入ったというケースもあります。障害者の性問題は、以前よりも理解が進んできてはいますが、中間支援がすっぽり抜け落ちているので、結局の所、性を肯定して解消してくれる場所は利害の発生する障害者を受け入れている性風俗のお店のみです。少なくとも私の場合はそうでした。数年前まで、私は一人で外出することが難しかったので、自宅訪問が可能なデリバリーヘルスを利用していました。多くて月一回程度、その時間は両親に席を外してもらって利用していましたが、それで十分性欲は解消され、何時間もアダルト動画を見ることは無くなりました。現在は電動式車いすを使えるので、一人で外出して性風俗を利用しています」。

2　障害者対応性風俗と障害者専用性風俗

(1)　障害者対応の性風俗

障害者を受け入れる性風俗には、二種類ある。障害者も受け入れている通常の性風俗と、障害者専用の性風俗だ。『俺の旅』編集長の生駒明氏は、次のような話をしてくれた。

「障害者も受け入れている通常の風俗店は、基本、女の子任せになります。女の子が『私、障害者も対応できるよ』と自主申告をしてはじめて成立します。どのレベルまでの障害を受け入れるかも女の子が決めます。手を上げる女の子は、近親者の介護や、介護関係の仕事に従事した経験があることが多いですね。すべては手を挙げた女の子任せなので、女の子が退店したらその店は対応できなくなります。一方、障害者専用の風俗店は、基本的に在籍する女の子全員が対応できます。障害者対応風俗店同様、女の子に介護経験があることが多いですね。また、女の子をお客さんの所に運ぶドライバーも介護施設で働いた経験があることが多く、たとえ複数人の介助が必要な場合も、車いすやベッドへの移動を女の子と一緒になって手伝えますので、比較的重度の障害者でも、受け入れられる体制が整っています」。

前述の堀内氏が体験したのは、障害者にも対応している普通の性風俗だ。その時の体験は、次のようなものだったという。

「専門店があればいいのですが、地方には中々ありません。地方に住んでいると現実的には障害者にも対応しているお店をインターネットなどで探すことになります。対応できる女の子のプロフィールに『障害者の方にもサービスできます』と書いてある事もありますが、そう記載しているサイトは稀。最終的には、電話で店舗に問い合わせる事の方が圧倒的に多いですね」。

性風俗の中には、障害者への対応をしていないのにホームページのアクセス数を稼ぐために、お店のトップページに偽りの情報を載せている場合がある。このようなお店はいざ電話をしても、対応できないと断られてしまう。中にはこんなケースまであった。次は筆者がインタビューした中部地方在住のある男性の証言である。

「その店は六〇分一万五〇〇〇円程度で、キスや裸でのボディタッチ、互いの陰部をこすり合わせるスマタプレイ、そしてシックスナインでのフェラチオといった、オーラルセックスを楽しめる所でした。ホームページに障害者も対応しているとあったので、念のため問い合わせてみた所、改めて『障害を持っていても大丈夫ですよ』と説明をされたので喜んで予約したのです。ところが店員には、健常者からはとらない入会金五〇〇〇円を追加で支払うように言われ、いざ女の子が来たら、キスはダメ、服も脱がない、ペニスを手でコスる『手コキ』のみで、それ以上を望むなら追加料金を支払えと言われました。健常者よりも高いお金を支払っても、プレイ内容はそれ以下というのは納得がいかなかったし、『騙された』と思いました」。

以来、男性は性風俗を利用する際には、必ず電話で自分の受け入れが可能か否かとプレイ内容と、料金の総額を念入りに確認する予防策を取っている。

とはいえ、騙されるのは障害者だけではない。一般的な性風俗でも「ぼったくり」行為は、いくらでもある。二〇代の女性をお願いしたのに、自分の母親よりも年上の女性が来た、追加料金を何度も要求される「たけのこ剥ぎ」にあった、シャワーを浴びている間に財布の中の金を抜き取られたなど、小さなトラブルは度々起きている。性風俗を利用する以上、障害者も健常者も、そういうお店や女性も存在すると割り切って使っていくしかない。

(2) 障害者専用性風俗

一方、障害者専用性風俗は、何かしらの問題提起をするために事業を始める事が多いようだ。たとえば、都内を中心に営業しているデリバリーヘルス『ハートライフ』のオーナー女性は、もともと畑違いの会社員だった。彼女は立ち上げた理由を次のように話している。

「テレビで紹介されていた障害者の性問題に取り組む団体の性サービスが、決して安くは無い金額を障害者から徴収し、服を脱がせた上で、ゴム手袋をつけた中年女性が手で出してあげる事だと知り驚いたのです。もちろん、こうした商売も需要があるから成立しているのでしょうが、私は同じ高いお金を支払うのでしたら、障害者の方たちにもっと人間らしい性の営みを体験してもらい、性行為は素晴らしいものだと知ってほしくなり専門店を立ち上げたのです」。

また、障害者の性問題に切り込んだ映画『暗闇から手を伸ばせ』のモデルとなった大阪の専門店

「ハニーリップ」のオーナー氏の場合は、障害者や支援者、そして社会に一石を投じるために専門店を立ち上げている。次は、その立ち上げた理由である。

「私は風俗店を経営しながら、社会福祉士として障害者施設でも長年働いているのですが、脳性まひや筋ジストロフィーを患う方たちが、二〇代、三〇代、あるいは五〇代になっても、一度も女性の裸を見たことがなく、キスをしたこともないまま、『一度でいいから女性を触りたかったなぁ』と言って亡くなっていく姿を繰り返し見てきました。そういう本人の願望を親御さんにも相談してみることもあったのですが、『寝た子を起こさないでほしい』『うちの子どもにそういう感情はない』と言って、中々取り合ってくれなかったんですよね。そのくせ親御さんは『でもそういう店があったら、うちの子どもも連れていくんだけど』と、お店が近くに無いことを知っている上で言い出す。だから『だったら俺がやるから』と言って始めたのです。そもそも寝た子を起こさないでほしいと言われても、実際は寝ていないんですよ。支援者や話友達などから色々な性に関する情報は入ってきているのだけれど、『自分の年金をセックスに使いたい』と親に言い出せないから寝たふりをしているだけなのです。そういう事実を少しでも多くの人たちに知ってほしかった」。

（3）性のノーマライゼーション

射精介助を目的とした一部の性風俗を除き、多くの障害者専門店では、重い障害や、攻撃性さえなければ知的障害があっても受け入れられる体制が整っている。車いすを利用し自分で着替えができない男性や、全身まひの男性、脱臼しやすい男性、ＡＤＨＤ（注意欠陥・多動性障害）やダウン症の男性、あるいは言語障害があり意思疎通が困難な男性などからも依頼があれば、障害者の所に女性を派遣している。前述の「ハニーリップ」のオーナー氏も、次のような話をしている。

「たとえ脳がクリアで歩行が可能だとしても、言語障害が強いと、普通の風俗店の利用は困難になります。予約しようとしても、慣れていない人では話が聞き取れなくて予約が通らないんです。しかし、うちのような専門店では、受付も女の子も経験がありますから、ある程度、話を聞き分けられますので、予約の段階でも、女の子とプレイする段階でも意思疎通ができます。身体の障害にしても、たとえばウチでは気管切開をしてアンビューバックなどを使って、手動の人工呼吸器を挿管している方も受け入れているのですが、それは停電が発生し、手動で人工呼吸器を起動し続けなくては生命の危険が伴う状況になっても、対応できるということです。こうした動作は、普通の風俗店で働く女の子では荷が重過ぎるでしょう。どこまで重度の障害者を受け入れられるのか、その基準は専門店によってまちまちだと思いますが、こういう方たちも問題なく受け入れられるのが専門店の特徴だと思います」。

3　障害者が「専門店」に求めるもの

(1) 射精以外の愉しみを求める勃起不全の利用者

障害者が「専門店」に求めるのは、性的快楽だけではないようである。この点について、東京都内の専門店「はんどめいど倶楽部」経営者で介護福祉士の山本翔氏は、次のような話をしてくれた。

「風俗店をオープンしても、脊髄損傷者や下半身まひなど、勃起や射精機能が失われた方は来ないだろうと思っていたのですが、蓋を開けてみれば、お客全体の三～四割が勃起不全の方でした。そういう方たちは、女の子たちと擬似恋愛を愉しみながら、オーラルセックスをしているという高揚感で気持ちよくなろうとしています。つまり脳内セックスを愉しんでいる。リピーターになってくださるお客さんも多いことを考えれば、射精を伴わなくても性行為を愉しむことは十分可能だということでしょう」。

東北地方在住の山田俊平さん（仮名・二一歳）は、高校時代に交通事故に遭い頚椎損傷者となった。勃起も射精もできないが、女性への興味と、性欲を騙すことはできなかった。その事を、赤裸々に次のように話した。

「僕は寝たきりの生活を送っています。ほとんど手が動かず、メールを一通送るのにも一時間以上かかります。自分がこんな状態ですので、人並みの青春を送ることも、恋をすることも諦めているのですが、それでも一度でいいから、女性とキスをして、肌と肌を触れ合わせたかった。それで一年前、母に『願いが叶うのだったら、風俗に行って僕も女性と性行為をしてみたい』と打ち明けたのです。母は『わかったよ。お父さんと相談してみるね』と言ってくれました」。

(2) 両親の心情

山田さんに代わって、母親がその時の心境を打ち明けてくれた。

「息子は二一歳。女性に興味を持つのは当たり前の流れです。息子から性風俗に行きたいと言われた時、その願いがお金を払うことで解決するのだったら安いものだと私は感じました。夫に話してみたところ、夫も『そういう年齢だよな』と言って私の考えに賛同してくれました。夫は『息子の初めての体験はいいものにしたい』と、インターネットや電話で寝たきりの状態でも受け入れてくれる性風俗を東京で見つけ、予約をとってくれました。後日、仕事で同行できない夫に代わり、私が付き添い人となり、東京まで行きました。指定されたホテルに息子を寝かせ、対応してくださった女性に『よろしくお願いします』と伝えて、近くの喫茶店で待ちました。待っている間、息子が独り立ちしてしまう寂しさが少しありましたが、成長していく喜びの方が強かったと思います」。

再び山田さん本人の話。

「私は、接客してくれた女性に、どうやって愛撫すればいいのか教えてもらいました。一生懸命がんばり、最後に『気持ちよくしてくれてありがとう』とお礼を言われた時には、本当にうれしかった。勃起も射精もできず、動くこともままならない私が今後、女性とお付き合いしてセックスをすることは無いと思いますが、万が一、そういうことになっても、私は臆することなくセックスができると思う。そういう男としての自信も性風俗から貰ったと思います」。

（3）性風俗時間の効用？

ハニーリップのオーナー氏は、「性行為の愉しみは射精だけじゃないんですよ。人と人とが触れ合うってそれだけじゃない。やっぱり肌と肌を触れ合ってキスをすれば心が癒されます。それに前にも進める。依頼を受けて障害者のご自宅に女の子を派遣していると、『もう五～六年も家から出ていない』という方とよく出会います。逆に風俗を利用するために五～六年ぶりに外に出てきたという方もいらっしゃいます。それくらい閉鎖的な生活を送っている。しかも障害者の方たちの中には、近親者と気心が知れたヘルパーさんとしか会わないものだから、着替えもしないで、眉毛や鼻毛がボーボーに伸びてしまい『オトコ』を失っている方はとても多いのです。しかし、性風俗のお店を利用するとなると、写真やプロフィールを見ながら女の子を選べるので、自分好みの女の子と会うことになるから、その日だけでも、着替えをして眉毛を整え、精一杯のお洒落をして見栄えをよくしようとします。そういうところでもう一度、『オトコ』になっていく姿を見るのは本当に嬉しいものです。だから私も『ここをこうした方がもっとカッコよく見えるよ』とアドバイスをしてしまいます。だって風俗に通うより、彼女ができた方が絶対にいいじゃないですか」と、しみじみと語っていた。

魅力的な相手と恋をして、成就させたいと願う感情は誰もが持っている。それゆえ、「性」は生きることにおいて中心的関心事に他ならない。つまり「性」は人間が生きていくための活力に関わっているわけで、「性」を失うということは、「生」という観点から見ても大きな欠損にもつながりかねない。

これは、健常者も障害者も同様であろう。障害者がハンディキャップを背負っているからといって「性」を諦めるのであれば、「生」を欠損しかねない。筆者は、魅力的な相手に想いを伝えたり、伝えられなかったり、想いが成就したり、失恋して傷ついたり、健常者が当たり前のように得られている恋の選択の喜びを、障害者も当たり前のように享受してほしいと考えている。ゆえに、ハニーリップのオーナー氏の「障害者が性風俗を利用することで、恋愛のスタートラインに立つことができるのであれば、社会にとって性風俗は必要ではなかろうか」という意見にも、首肯する部分があるのではないかと思えてしまうのである。

4　性風俗から見える社会のひずみ

(1) 介護福祉士の立場で

「障害者が喜ぶ性サービスを提供したい」と、障害者専用性風俗の経営を考えていた四〇代後半の男性は、都内にある色々な福祉施設に足を運び、どんなサービスを受けたいのか、障害者たちから話を聞いていたところ、肢体が不自由な二〇代男性にこんな要望を言われたという。

「貴方はもうすぐ五〇歳になるそうですが、七〇歳になれば足腰が弱ってきて歩きにくくなると思います。八〇歳になったら寝たきりになるかもしれません。僕らはそれが少し早く来ているだけで貴方と何も変わらない。だから特別視しないで普通に接してくれるお店にしてください」。

また、前述の山本翔氏も、この点について「うちでは軽い脳性まひや自分でシャワーを浴びることができて歩行も可能な方を『軽度』、車いす以上のものを利用し、着替えもできず専門店を利用しないと風俗サービスを受けられない方を『重度』と分けているのですが、お客さんの層を分析すると、軽度のお客さんが四〇％もいるんです。軽度であれば普通の風俗は十分利用が可能です。普通の店の方が店舗数も多いので女の子だって選びたい放題だし、価格も断然安く、一万円で遊べてしまいます。

それなのに二万四〇〇〇円も支払ってうちで遊んでいる方がたくさんいたのです。不思議に思って利用者からアンケートをとったのですが、理由は『普通のお店に行って障害者が来たという目で見られるのが嫌だから』でした。差別する店員や女性は少ないと思いますが、それでも戸惑っている雰囲気や、それを隠して仮面スマイルで笑う姿に傷ついているようなのです。その点、専門店であれば障害者が利用するのは当たり前なので、行っても驚かれないから安心して遊ぶことができる。高いお金を払ってまでうちを利用する理由はそんなところにあったのです」と話している。

(2) ジレンマを抱えながら

ただ、その一方で障害者の「過剰反応」も目立つという。山本翔氏は、続けて次のような話をした。

「うちはうつ病や統合失調者など、女の子に攻撃的な行動を取らなければ精神障害の方も受け入れているのですが、軽度の精神障害は、見た目では判断しづらく、普通の店に行っても『ちょっと暗い人だな』と思われる程度で、気づかれるものではありません。それでも彼らの中にはわざわざうちを選んで遊ぶ方たちがいます。これは軽度の障害者にも言えることですが、自意識過剰な部分も否定できません。相手はそう思っていないのに、自分の中で偏見を持たれていると思い込んだり、勘違いしている部分があると思います」。

また、山本氏は「単純に障害者のためと思って専門店を始めましたが、こんなに社会のひずみを見るとは思わなかった」とも話していた。障害者たちの過剰反応にやりきれない感情を抱きながら、その一方で「支援者たちのひずみ」も目の当たりにしているからだ。さらに、「親公認で女の子を派遣する機会が増えつつありますが、そうではない方も多い。親が出かけた隙をみて電話をかけてくる障害者の方はたくさんいます」とも話していた。

ゆえに障害者本人と支援者との「せめぎ合い」も起こっている。ある専門店では、ベッドで寝たきりの生活を送り、言葉も不自由で意思疎通もあまりできない常連の客がいるそうだが、「お店にオーダーの電話をかけてくるのはヘルパーさんです。いつも同じ女の子を選んできます。でも、ご自宅にお母さんがいると『やめてくれ』と止められてしまうから、隙をついて電話をかけてくる。だからいつも予約は直前で、『今すぐ来て下さい』と言われます」。

また、別の専門店では言語障害のある四〇歳の男性から予約を受けた時、女の子を派遣してサービスが終った後、母親から「この電話番号には二度と女の子を派遣しないで下さい」と改めて電話で言われたそうだ。その時の事を、この店長は、次のように回想した。

「一方的な態度に腹が立ち、『それは息子さんがそう言っているのですか？』と聞いたら『息子には性欲はありません！　そちらに騙されているだけです』ときつく言い返されてしまいました。今も息子さんから『来てくれ』と電話があった後、母親から『キャンセルしてください』と連絡がくることが度々あります。母親からしてみたら四〇歳になっても永遠に小さい息子のままと思い込んでおり、また息子の性処理のために、知らない女性が家にあがってくることが汚らしいのでしょう」。

こうした両親と性風俗との不毛な小競り合いは珍しい話ではなく、他の専門店からも「本人から派遣を依頼され行ってみたら鍵がかかっていた」「塩をまかれた」という話を耳にした。息子の性を肯定し見守っている両親がいる一方で、性を否定し受け付けない両親もいる。たとえ本人が性欲解消を伴う擬似恋愛を望んでも、周りが許さなければ想いは達成されないのが現状なのだ。前述のハニーリップのオーナー氏は、この点について次のように話した。

「風俗を利用するにしても、まずは自由に使えるお金を持っていて、次に場所がないと利用できません。うちの店を利用できる人は、お金もあって、支援者の理解も得られていて、場所もあるわけですから恵まれているのだと思います」。

(3) 施設にも性風俗で働く女性が派遣される

また、ごく一部ではあるものの、ヘルパーが弊害になっているケースも耳にした。次は、障害者を受け入れている性風俗従業員の証言である。

「男性女性限らず、ヘルパーが小遣い稼ぎのために、障害者の性欲の解消の手伝いをしている話を何度か聞きました。そういう行為は、無店舗型性風俗特殊営業の許可を取ってからにして下さいよと言いたい気持ちもありますが、それでも障害者とヘルパーが大人同士の話し合いで、合意が取れていれば口を挟むべき問題ではないでしょう。しかし、本人が風俗に行きたいと言い出した時に、小遣いが稼げなくなることを恐れ、『俺との縁を切ってもいいのか？』と脅しまがいの説得をするのは本当にやめてほしい。彼らはヘルパーさんの助けが無ければ生きていけないわけですから、そんな言い方をされたら、彼らは閉鎖的な生活をいつまでも続けざるを得ません」。

もちろんそういった行いを続けるヘルパーは一部であろう。ほとんどのヘルパーは障害者の「性」については触れないようにしながら、献身的な介助をしているものだ。中には性欲処理に困った障害者を見かねて、代理で風俗店を探し、予約を取り付ける人たちもいる。次は、このような人たちに対する障害者の話である。

「こっそりとですが、女の子を施設に派遣することも多いです。時間はだいたい深夜ですね。協力者の男性ヘルパーさんが電話をかけてきて、部屋まで手引きしてくれています。自分が夜勤になって誰もいなくなった時を見計らっているのでしょう。利用している障害者男性は『こうして呼べるのも彼のおかげだ』と言っていましたから」。

うまく受け入れられない健常者、過剰に反応する障害者、性を否定する支援者たち。問題は山積みだ。健常者と障害者が同じ土俵の上に立ち、本当の意味で平等になれる社会がまだまだ遠いところにあるように思えてならない。

注

（1）本章に掲載されたインタビュー内容は、すべて、筆者が対面、電話、メール、手紙等によって取材したものである。

第Ⅱ部　利用者の「性的ニーズ」と福祉専門職

第6章　「性的ニーズ」と向き合うことになった福祉専門職

武子　愛

1　介護とセクシュアルハラスメントは分けられない？

二〇〇〇年に制作された映画『百合祭』。この作品の監督である浜野佐知自身が「生殖という概念から解き放たれて、瑞々しく羽ばたく女たち、自ら選択してエロスを楽しむ女たち」（浜野 二〇〇五：八八）を描いたという通り、高齢女性たちの恋愛と性がのびのびと描かれており、海外の映画祭でいくつも賞を取った。

さて、『百合祭』は、当時の福祉業界でも話題になり、浜野佐知はNHK社会福祉セミナーに二回にわたって登場する。特に注目したいのは、ノンフィクション作家小林照幸と浜野佐知の対談記事（浜野・小林 二〇〇三：八－一二）である。浜野はこのインタビュー中で、介護職が性的対象として見られることについて疑問を呈する。対談相手の小林が、介護の現場で末期の肝臓がんの高齢女性が、男性職員と猥談して男性職員の股間をさわることに触れ、人間的であると思ったと感想を述べると、浜野はそこは分けるべきと次のように反論する。

「男の入所者が若い女性の介護士のお尻さわったりスカートの中に手を入れれば、これはセクハラですよ（笑）。ベテランになってうまくかわせるようになる前に、『冗談じゃない』という子だって当然いるでしょう。」（浜野・小林 二〇〇三：一一）

浜野のこの言葉に対して、小林は福祉現場では介護とセクハラは「一緒くた」（浜野・小林 二〇〇三：一二）になっているし分けられないと返答するのだが、浜野はそれでは辞めていく介護士もいるだろうと指摘する。高齢者の性を肯定する立場から描く浜野が、介護職が性的対象として見られる事と、高齢者の性を肯定する事は違うと主張したのである。

介護者は、被介護者が他者に触らせない身体部位を触り、信頼を得られるよう心理的にも積極的に関与していく立場にある。では、介護とセクシュアルハラスメントの差異はどこかといえば、介護者・被介護者双方の性的な意図の有無と同意の有無である。両者に性的な意図がなく、また、身体部位への接触、積極的な心理的関与について同意がある場合はセクシュアルハラスメントに当たらない。また、「セクシュアルハラスメント」と「恋愛関係」の違いは、どうだろうか。「恋愛関係」の場合は、場合によっては支援者・利用者の両者、あるいは一方に（場合によっては性的な意図を含め）特別な感情が生じた時点で関わりが始まり、両者が合意した時点で成立する関係である。そして、場合によっては性的関係に至る場合がある。しかし、セクシュアルハラスメントは、「両者の合意」を確認しないまま一方的に行われる性的な言動といえる。

本章では、利用者から福祉専門職を相手として性的ニーズを表明された際の、福祉専門職の思いと、その対応についてインタビューから検討する。

2　「性的ニーズ」の対象となることはどのように捉えられてきたのか
――先行研究の知見から

職員自身が性的ニーズの対象となった経験に関する調査については、主に高齢者分野で存在する。熊坂（二〇〇八：五〇-六一）が行った高齢者施設の管理者と職員を対象にした質問紙調査（職員回答者四五三名／回答率五七・二％）では、過去一年間に利用者から性的接触等の「直接的働きかけ」を受けた職員は四五・七％、愛情表現や性的行為の要求など「間接的働きかけ」を受けた職員は三五・三％いた。

その際の対応については、ほとんどの働きかけにおいて、五割を超える回答者が「何気なくかわした」と答えていた。また、中野・人見（二〇一〇：三九-五三）が高齢者施設職員を対象に行った施設内暴力の調査（回答者二五四名／回答率八七・六％）によると、業務中に不快な経験をした介護職は六八％（一七三名）おり、そのうち複数回答可の選択肢で「性的発言」を挙げた人は四四・五％（七七名）で、「性的行為」を挙げた人は三〇・一％（五二名）であった。

また、高齢者施設で実習を経験した大学生に対しての調査もある。木村ら（一九九八：四七-五五）

が行った調査によると、高齢者施設の実習において「性的なことを言われた」「胸やお尻を触られた」など、自分に向けられた性的な行為を経験した者は三一・九％（三六五人中一二〇人）であった。約三人に一人は、実習中に自分に向けられた性的な行為を経験していることがわかる。

以上のように、さまざまな調査によって、高齢者福祉の現場において施設職員に向けられる性的な言動が顕在化されつつあるのが現状である。

福祉現場において、利用者から福祉専門職に対して性的ニーズが表明されることを正面から論じたのは、三島（二〇〇五：二六八-二九四）である。三島は、福祉専門職教育の中で利用者からの性的ニーズに対して「学問的解釈」を媒介させることによって、正面から受け止めさせないようにしていることを指摘した。

確かに、社会福祉士養成課程で使用されるテキストシリーズの一つである「新・社会福祉士養成講座」において、性的ニーズに関する言動は問題行動として捉えられている。具体的には『人体の構造と機能および疾病　第三版』（新・社会福祉士養成講座①）において、高次脳機能障害における「欲求のコントロールの障害」の一つとして、「性的逸脱行動」が挙げられている（蒲澤 二〇一五：一六二-一六六）。また、『高齢者に対する支援と介護保険制度　第五版』（新・社会福祉士養成講座⑬）では、認知症高齢者の行動心理症状（ＢＰＳＤ）のうちの一つとして「性的逸脱行動」が挙げられている（内藤 二〇一六：四〇〇-四二七）。

このような「知識」を前提とすると、福祉専門職は自分に向けられた性的ニーズの表明を、障害や疾病を原因とする「性的逸脱行動」であり、「一時的な状況」と理解してしまう。これが「『学問的解釈』を媒介させ」た理解といえる。

この理解は、二つの役割を果たす。一つは、福祉専門職が利用者から向けられる性的ニーズを利用者の体調や心理的な状態による一時的なものと認識して、真剣に受け取らずにやり過ごすための役割であり、もう一つは、利用者から福祉専門職への「セクシュアルハラスメント」をハラスメントとして機能させない役割である。いずれの場合も必要とされるのは、「うまくかわす力」である。

しかしながら、たとえば、前述した熊坂（二〇〇八：五〇-六二）の調査によると、入居者からの性的な働きかけを「大目にみた」職員の内、「性的な行為を言葉で要求された」のは七・〇％、「わいせつな言葉かけを受けた」のは一五・二％、「恋愛感情に基づく働きかけを受けた」のは二六・七％であった。「何気なくかわした」でも「拒否した」でもなく「大目にみた」職員の中には、適切な対応方法を選択できず、結果的に「大目にみた」かのような対応をしてしまった者も含まれていると推測される。データには現れないが、逆に利用者から自分に向けられた性的ニーズを真摯に受け止め、悩む福祉専門職もいるであろう。次節以降、インタビューによって得た具体的なケースを挙げ、利用者から性的ニーズを表明された福祉専門職がどのような気持ちであったか、どのように対応したかを見ていく。

3 施設（組織）で対応したケース

（1）セクシュアルハラスメントをされた職員

① 利用者に好意を寄せられたケース

藤田有紀子さん（仮名・女性二〇代）[1]は、主に一般就労している軽度知的障害者が利用する入所施設の支援者である。軽度知的障害者の場合、支援業務は金銭管理の方法を教えたり生活のリズムをきちんと整えて就労に差し支えないようにすることが主となり、身体介助は不要となる。そのため異性を担当する場合がある。また、利用者も障害があるということが、一見しただけではわからない人が多い。藤田さんは、その施設で働き始めて三年目の若手支援者だ。藤田さんには、担当している男性利用者から、性的な感情を伴う好意を持たれていると感じた経験が二度あるという。

一人目の利用者Aさんは、まずメールのやりとりから始まったそうである。担当なのでメールアドレスを伝える必要があるが、Aさんから送信されてくるメールの内容は生活上の相談にとどまらず、自分への好意を感じるものだった。彼女はその事を上司へ相談し、距離を取るようにしてもらった。買い物も担当者の藤田さんが同行することになっているが、他の男性支援者が気を回して彼女の代わりに買い物に同行した。

「だけど、今日は別の支援者さんに行ってもらうね、とかすると、嫌な顔するんですよ。だからそういうのを見ても、あぁ……っていうのはありましたね」と、藤田さんはその時のストレスを語る。結局、最後は担当を外してもらったことで、その利用者からのメールは途絶え、距離を作ることができたという。

二人目の利用者Bさんも、担当している利用者であった。Bさんは、周囲に好かれる明るいキャラクターであり、施設のムードメーカーでもある。それだけに、藤田さんも好意を伝えてくる程度であれば気にならなかったそうだが、藤田さんは、彼の中で「最近心境の変化があったのか……」と思うことがあったりしたので、髪や服などに触られることが気になってきたそうである。

「ここ（服の肩のあたりをつまんで）をもって、こうやって上げるんですよ。『直してあげるからね』って。でも私には、それが……ね。」

藤田さんは、小柄な方である。Bさんは彼女より大きい。そのようなことを何度か繰り返す内に、藤田さんは少し怖さを感じるようになった。そして二人きりになる時間を、できるだけ避けるようになった。藤田さんに、彼らから性的な対象として見られていると感じた時に、どう思ったのか聞いたら次のように回答した。

「私はそういうふうになっちゃったら、どうしようもなくなっちゃいます。無理ですね。担当って、二人で話さなきゃいけない場面も絶対出てくるし、買い物も絶対行かなきゃいけないし、そういう中で二人でいることが怖いって思っちゃったら、支援できないので」。

また、藤田さんは「怖い」と思う理由について、次のように語った。

「男性だからっていうのもあるし。男性が訳わかんなくなっちゃったら、きっと力では勝てないだろうし」。

一方、藤田さんは、Bさんの事は、周囲の支援者にまだ伝えていないそうである。その理由について、そんなことで悩んでる時間があったら仕事をしてほしいと、他の支援者から思われることが怖いのだと語る。実際に彼女の上司に対して、筆者が性的な対象として支援者が見られることについてどう思うか聞いた際、自らが利用者からされたら嫌だと思う行動すらも、支援の材料として利用できるようになってほしいという期待を支援者に対して持っている、と述べた。職場の規範として、「うまく」対応することを求められており、しかし、そうできない事に、藤田さんは悩んでいたのである。

② 利用者から性的な言葉をかけられたケース

身体障害者施設の女性職員だった山田美幸さん（仮名・女性四〇代）[2]。山田さんの施設は、今でこそ同性介助だそうだが、山田さんが施設に就職したばかりの二〇年以上前は、女性支援者だけが女性と男性、両方の介助にも入らなければならなかったそうだ。女性職員だけで夜勤する日もあったという。そこで山田さんは、特定の利用者から移乗介助の時にお尻を触られたり、抱きつかれたり、「おっぱい、おっきいねー！」と言われたりしたのだそうである。彼女はその時の事を、「嫌悪感がありました。他の人は笑って済ませる人もいたけど、私は嫌だった……」と話す。

彼女自身は、日常の介助が自分の仕事だと思っているから、触られる事までは容認できなかったのだそうだ。また、山田さん自身に交際している人がいたから、その人以外に触られることにも嫌悪感があったという。だから不快にならないためにも、その人の介助は避けて、最低限の接触にとどめるようにしていたのだそうだ。

山田さんによると、さらに当時は、男性利用者の入浴介助を女性職員がやることもあったという。その時の事を、次のように語った。

「そういう人の入浴介助はつらかったです。勃起するので……、なんか変になってるよって言うと、しょうがないじゃん、えへへって……。軽い感じですけど、同僚はまるで風俗みたいって言ってたし、人によっては湯船も一緒につからないといけなかったから、やっぱり嫌ですよね……」。

介助ではあっても、利用者が性的な反応を身体に見せている以上、その状況は支援者にとっては性的な場面として意識される。結局、彼女は、男性の先輩に利用者から触られることを訴え、介助をやりたくないと伝えたそうである。また、どうしても介助をしなければならない時には、男性利用者に直接やめてほしいことを伝えて、やめてもらったそうだ。次は、その時の事を回想した発言である。

「結局、その利用者さん人柄がいい人だったから、周りも憎めなくて。同僚も気にしてない人とか、『もー!!』っていうパターンが多かった気がします。女性の先輩も笑ってたし。だから私も深刻ではなくて。だけど、いい気持ちはしなかったです」。

③　利用者から暴行されかけたケース

特別養護老人ホームに勤務する中堅どころの介護士である染谷理佐さん（仮名・女性二〇代）[3]。彼女は担当部署の夜勤を一人きりで行っている時に、男性利用者に覆いかぶさられた経験があるという。その男性利用者は、普段から部屋に戻らずフロアを徘徊したり、染谷さんの側に座って過ごしたりしていたため、その日も特別気にしなかったそうだ。

「いつも通り、なんとなしに向こうに合わせて受け答えをしつつ過ごしてる時に、その日たまたま性的なスイッチが入ったのかもしれませんが、丁度ソファの背もたれによっかかっていた時に笑いながら、覆いかぶさってきて首元から手を入れて胸を触ったり、腰を動かしたりして、少し息遣いも荒くはなってきました」。

しかし、「力で退かせて転倒させるわけにはいかない」ので、何とか話をしながら気をそらしたかったそうだが、その時は上手くいかなかった。そして結局、別の部署にいる夜勤の人に電話して来てもらったのだそうだ。

すると、その男性利用者は、「他の職員が来たのがわかったら、何も言わず自分から私の上からサッと退けて自分の部屋に帰って」いった。そしてその様子を振り返り、「この状況を人に見られたら、何となく『マズイ』という感情は（男性利用者に）確かにあった」から、何も言わずに出ていったのだと思うと、染谷さんは語った。

染谷さんにとっては、この時の経験が、初めて職場で性暴力が起こるかもしれない恐怖を感じた瞬間だったのだそうだ。

「今までそういった事はなかったのと、自分で起き上がる事が難しい状態の人が多い事もあって、手だけ伸ばされても怖くも何ともありませんでした。その一件は、たまたま認知症があり身体的には健康的に動く男性だったので、起こった出来事ではあるのですが、身体が自由に動く状態の男性であれば、これからも起こりうる事ではあるなと、その時初めて実感しました」。

また、逃げた方が良いと感じても、逃げ方に配慮がいることが、彼女の言葉からうかがわれる。

「その男性利用者は細身の体型なので、私が力で退かせようと思えば可能だったのですが、万が一にも揉み合ってけがをさせたとなった場合が頭をよぎるので、細身の体型の人でも力で退かせきれませんでしたね」。

支援者である限り、利用者のけがは細心の注意をしなければならない。自分がされている不快な事から逃れるためには、不快な事をする利用者の安全を確保してから、丁寧に逃れる必要がある。ところで染谷さんは、恐怖を感じたこの男性利用者からの行動を、やはりセクシュアルハラスメントだとは捉えていないし、辛いとも思っていないという。というのも、「そういった老人に、うまく対応する事も介護の仕事の一環と思ってしまっているので、辛いとか特別な違和感を持つ事はない」のだそうだ。

(2)「かわす」能力と職場の支援体制の確立

① 専門職の思い

以上、同僚等とも連携して対応した三つのケースを挙げた。前述したように熊坂(二〇〇八:五〇-六二)が行った高齢者施設職員への調査からは、施設利用者から性的に働きかけを受けた際は、何気なくかわす対応が五割以上であったことが明らかになっている。三ケースとも、福祉専門職が自分に向けられた利用者からの性的ニーズを、かわそうとしている、あるいは、かわすことを業務上の規範として捉えていることがわかる。

一ケース目の藤田さんは、利用者から性的ニーズを向けられて悩んでいる時間があったら、仕事してほしいと周囲から見られることを恐れていた。周囲の状況を理解すること、相手の心情を推し量ることに課題をもつ知的障害者の場合、まぎれもなく他の職場でセクシュアルハラスメントになるような行為を支援者がされたとしても、それを感情に任せて非難することはできない。その怖さと不快感に向き合い、その行為を分析し、それはいけないことなのだと、利用者に根気強く伝えていくことが求められる職場なのである。その期待に応えるためには、怖さに慣れるしかない。

二ケース目の山田さんは、性的ニーズを向けてきた男性利用者の人柄もあり、周囲は気にしていなかったが自分は嫌だったということを述べている。周りは「気にしていない」ということは、すなわち男性利用者のその行為は施設全体としては問題となっていない、ということである。また、その施設では、その男性利用者の行動をかわすことができる人も多かったことがうかがわれる。山田さんの先輩が言った「もー!!」という言葉は、その象徴的な一例と考えられる。

三ケース目の染谷さんの意見はより一層はっきりと、かわすことが規範であることが述べられている。染谷さんはセクシュアルハラスメントと捉えていないことを述べた上で、そのような利用者にうまく対応することが「介護の仕事の一環」と考えていると述べる。染谷さんにとって、自らに向いた利用者の性的ニーズへの対応は、仕事上必要なスキルの一つなのである。

② 専門職の対応

ここで取り上げた三ケースとも、セクシュアルハラスメントになるような利用者からの行為について、共通してかわす努力をしていた。しかしながら、三ケースともかわしきれない状況にまで至る。その際、三者がとった対応は共通している。それは、配置換えをする、同僚の手を借りるなどして対処することであった。福祉現場は労働現場なので、職員にはセクシュアルハラスメントから守られる権利がある。管理者はその義務として、セクシュアルハラスメントから職員を守る必要がある。突然の事に混乱して、支援者が利用者を突き飛ばしてしまったりすると、事故につながる可能性もある。職員を守るためにも事故が起きないためにも、周囲に助けを求められる環境が望ましいと考えられる。

4 職員のみでの対応を求められたケース

(1) 結婚・性行為の相手を申し込まれた職員

① 利用者からプロポーズされたケース

自立生活センターの職員であった白鳥美智子さん（仮名・女性五〇代）(4)。彼女は当事者の外出サークルで介助をしていた利用者から、「結婚してほしい」と言われた経験があるそうである。しかし、白鳥さんは、その相手からの結婚の申し込みに冗談で真剣な話ではないと思ったという。彼は利用者であり、職場のコーディネーターであり、それ以上の関係として見ることができなかったからだそうだ。

「私、相手を傷つけたくないこともあって、子どもがいることをすぐに伝えました。利用者さんからはショックです、と言われました。当事者のサークルの食事会の集まりでのことで、たくさんの障害者がいた中でしたから、これからも介助もしますし、サークルのコーディネートも今までと変わらず行うことは伝えました。その後も連絡は来ていましたよ」。

彼女は彼と、支援の場を離れて個人的な付き合いをすることは考えられなかったのだそうだ。友達付き合いも難しいという。ただし、それは一人の職員として、利用者と個人的な関係を結んではいけないという職業倫理に縛られているからではない。白鳥さんの職場では、支援者と利用者の交際は基本的に容認されていた。しかし彼女自身は、介助は仕事の場のみと認識しており、介助をする必要のある人は、すなわち仕事相手と思っていた。それには、彼女自身が所属していた職場の雰囲気も作用していたようだ。彼女のいた職場は、障害者の発言力が強かった。

「『僕たちは障害者、君たちは健常者』と言われていて、僕たち障害者のことは君たち健常者にはわからないだろう、みたいなところがあったから……」。

健常者であるがゆえの疎外感と、対等な立場に見てもらえない苦しさから、個人的な交際に至る気持ちまでは発展できなかったことがうかがわれる。

そんな彼女にも、一人だけ心を許せた障害者がいたそうだ。その人は利用者の一人で、中途障害で車いすユーザーの身体障害男性だった。ある時、二人で打ち合わせを兼ねた食事に行くことになり、彼女はその際、彼の車いすを「押しますよ」と後ろに回って手伝おうとした。すると彼は、「いや、いいです。僕の隣を歩いて下さい」と言ったのだそうである。彼女はその時、「この人は信頼できる」と思ったそうだ。その理由を、白鳥さんは、次のように語った。

「障害があると介助を必要としているから介助しますけど、彼だけは、『ご苦労様』とか『ああ、悪いですね』みたいに言ってくれる。違和感のないコミュニケーションのとれる人でした」。

白鳥さんにとって介助をすることが当たり前のようになってしまう関係では、「違和感のない」自分、つまりプライベートな自分には戻れないのだろう。

② 性行為の相手になることを依頼されたケース

かつて肢体不自由者の入所施設で働いていた支援者の石川弘子さん（仮名・女性六〇代）[5]。若い頃、彼女は、利用者から性行為の相手をしてほしいと頼まれたことがあるという。初めて言われた日の事を、石川さんは、次のように振り返っている。

「一緒に泊まりに行こうとか、そういったのはやっぱりあるんですけど、そこは皆さん個人に任せられちゃうところですね。当時、上司の人にこんなふう（性行為の相手になってほしい）に言われたんだけどどうしようって言ったら、そこはあくまでも個人、施設を出てしまった、要するに出かけた先のことだから、もう個人に任せられることだよねって。その当時はね」。

石川さんは上司から、利用者からの性的な欲求を受け入れるかどうかの判断を、個人として任された。この場合、組織的に禁止されているからという言い訳も、職業倫理として禁止されているからという言い訳も使うことができない。ここで性的な欲求を満たすことができない男性障害者に同情してしまう女性支援者は、断ることをストレスに感じてしまうだろう。しかし、判断を任された石川さんは、その時、男性利用者に対してきっちりとお断りしている。

「その時は、ごめんねって。ほんとに愛してないとセックスはできないからって。だから、それはできないよって。そういうもんだと思ってるからって。それは、もう丁寧にお断りしました」。

石川さんに、性行為の相手を依頼された時、男性利用者から感じたのは愛情か、それとも性欲かと聞くと、「どちらかわからない」と言いつつも、次のように答えている。

「聞いたことはないですけど。その人はすごい若かったし、他に好きな人がいることは知ってたので。だから、それは無理だよって。逆に言うと、それに応じてもらえると思っちゃうと困るよみたいな話はしましたね」。

石川さんは、断った後で男性利用者に対し、好きな人が他にいることがわかっているのに、性行為に応じる女性がいると思ってはいけないことをアドバイスしていた。石川さんは、個人として誠実に男性障害者の性欲と向き合っていたのである。

（2） 専門職による一個人としての意志の表明

① 専門職の思い

前述の二ケースは、前節の同僚等と連携して対応した三ケースとは対照的に、性的ニーズに対して、一個人として向き合っていた（または向き合わされた）。そしてそれには、性的ニーズをかわさずに正面から向き合うことを求められる環境にあったということが背景にある。

白鳥さんの職場は、利用者と職員の交際が基本的に容認されていた。また、石川さんも「あの当時」という時代の限定はあるものの、職場を離れた後は上司から石川さん個人に判断を任されたことを述べている。つまり、両名は利用者の「思い」に対して、専門職としてではなく一個人として、「かわすか」「受け止めるか」等の対応をすることを迫られたのである。

②　専門職の対応

白鳥さんと石川さんは、利用者の性的ニーズを引き受けて同意する可能性があった状況で、性的ニーズを向けられた一人の個人としてお断りしている。その理由は、その利用者と仕事上の関係以外の個人的な関係を望んでいないため、そして、利用者に対して恋愛感情を持っていなかったからである。障害の有無や支援者―利用者関係が問題となった訳ではなく、白鳥さんと石川さんが置かれている状況、あるいは性的ニーズを持つ利用者個人との相性の問題であった。

しかし、ここで注意すべきは、石川さんが言った「あの当時」という言葉である。六〇代の石川さんの若い頃から考えると、今の福祉現場は大きく変化している。専門職が向けられた性的ニーズをめぐる問題における変化の一つに、近年施行された障害者虐待の防止、障害者の養護者に対する支援等に関する法律（以下、障害者虐待防止法）および高齢者虐待の防止、高齢者の養護者に対する支援等に関する法律（以下、高齢者虐待防止法）があると考えられる。

5　自分に向けられた「性的ニーズ」の表明をどう捉えるか
――虐待防止法をめぐって

障害者虐待防止法は二〇一二年に、高齢者虐待防止法は二〇〇六年に施行された。障害者虐待防止法では、障害者福祉施設従事者等が「障害者にわいせつな行為をすること又は障害者をしてわいせつな行為をさせること」が、高齢者虐待防止法では、要介護施設従事者等が「高齢者にわいせつな行為をすること又は高齢者をしてわいせつな行為をさせること」が、各々性的虐待とされており、当事者間で合意があったとしても、支援者である立場を優位に使って利用者と性的な関係を結んだと見なされる可能性もある。また、社会福祉士倫理綱領では利用者と性的関係を持つことはもちろん、利用者や家族と私的な関係を持つことも認められていない。

福祉現場における性的虐待の報道、とりわけ知的障害者施設の職員が女性利用者に行った性的虐待に関するニュースを度々目にする。一方、本章第3・4節で見てきたように、支援者自身が利用者に「セクハラ」される場合があることや、親密な関係になることを依頼する利用者がいることも、現実としてあるのである。高齢者も障害者も、性的ニーズを持った一人の成人である。その性的ニーズがたまたま支援者に向いたとしても、不思議ではない。その際には、前述したケースのように、当事者である支援者が、利用者の思いと自分の思いや職業倫理を踏まえながら、ケースの当事者となる支援者自身でどのように対応していくかを判断することを迫られることも考えられる。いずれにせよ、福祉専門職が職業人として重視する点は、自分の対応が果たして利用者あるいは相談者の人生、あるいは生活にプラスになるかどうかである。自らが性的ニーズの対象となった際にも、支援者は支援者として振る舞うべきであり、利用者と個人として向き合うことは難しいという結論になるのである。そして、福祉現場において、利用者と同様に専門職の基本的人権が尊重されるよう、職場における連携体制の構築が求められるのである。

注

（1）筆者によるインタビュー（二〇一四年一〇月中旬）。
（2）筆者によるインタビュー（二〇一五年二月下旬）。
（3）筆者によるインタビュー（二〇一五年二月下旬）。
（4）筆者によるインタビュー（二〇一五年六月一八日）。
（5）筆者によるインタビュー（二〇一三年八月三日）。

参考文献

蒲澤秀洋（二〇一五）「高次脳機能障害」社会福祉士養成講座編集委員会『人体の構造と機能及び疾病　第3版』（新・社会福祉士養成講座①）中央法規出版、一六二－一六六頁。

木村正治・久佐賀真理・松尾洋（一九九八）「介護福祉士養成校における高齢者のセクシュアリティについての教育の必要性について――養成校教員および実習を体験した学生の調査から」『熊本大学教育実践研究』一五、四七－五五頁。

熊坂聡（二〇〇八）「『高齢者施設入居者の性』に対する職員の認識と対応についての考察――山形県内施設の調査から」『介護福祉学』一五（一）、五〇－六一頁。

内藤佳津雄（二〇一六）「介護各論②」社会福祉士養成講座編集委員会『高齢者に対する支援と介護保険制度　第5版』（新・社会福祉士養成講座⑬）中央法規出版、四〇〇－四二七頁。

中野一茂・人見優子（二〇一〇）「介護職員が抱える施設内暴力の実態調査及び考察」『共栄学園短期大学研究紀要』二六、三九－五三頁。

浜野佐知（二〇〇五）『女が映画を作るとき』平凡社。

浜野佐知・小林照幸（二〇〇三）「特集　高齢者の恋愛と性　熱論！浜野佐知vs小林照幸――性と愛、その混沌から探る豊かな生」『ＮＨＫ社会福祉セミナー』（二〇〇三年三月）、日本放送出版協会、八－一二頁。

三島亜紀子（二〇〇五）「誘いの受け方、断り方——社会福祉実習指導の問題点」倉本智明編著『セクシュアリティの障害学』明石書店、二六八－二九四頁。

第7章　「性的ニーズ」をどのように捉えるのか

武子　愛

1　「性」に立ち入りたくない福祉現場

日本において福祉現場の性はタブーとされてきたが、近年徐々に状況が変化しつつある。障害者の分野では、熊篠慶彦氏が立ち上げたＮＰＯ法人「ノアール」[1]が身体障害者の性に関する情報を提供したり、「ホワイトハンズ」[2]という団体が有料で障害者の射精介助サービスを始めるなどの動きがある。また、二〇一六年に大分県の「障がいのある人もない人も心豊かに暮らせる大分県づくり条例」において、障害者の性、恋愛、結婚、出産、子育てに関する日常生活上の困難を解決することが県の責務であることが明記された[3]。

しかしながら、管見の限り、学問領域では議論が進んでいない。一九九三年に『社会福祉学』において旭（一九九三：一二九‐一四五）が検討課題として、援助および介護の範囲の問題と、どのように支援するかという方法の問題を挙げ議論が十分になされていないことを指摘したが、今日でもこの指摘が通用することを、田中（二〇一一：七三‐七九）が指摘している。

また、熊坂（二〇〇八：五〇-六二）が行った高齢者施設職員への調査においても、四人に一人の職員が入居者同士の性的接触場面に遭遇していたが、その対応については施設全体として十分な対応は難しく、職員の個人的対応の段階にとどまっていると結論づけている。その背景として、熊坂は「性の個人性と秘匿性、施設の公共性と公開性、管理者と職員の道徳意識という条件」が絡み合ってくることを述べている。

たとえばデンマークでは、障害者の性に関する支援のためのガイドラインを国が定めていることを、狭間（二〇〇七：七三-八二）が報告している。しかし、日本には定められたガイドラインはなく、システムも存在しない。総じて、日本の福祉現場での性的ニーズは確認されるが、責任の所在や誰がどのように支援するのか（または支援しないのか）が不明であり、どう対応したら良いかわからず、同僚や上司に相談しても意見がまとまらないというのが現状であると考えられる。

本来、性とは、最もプライベートな人に隠しておきたい部分である。支援者であっても、利用者のプライバシーを守る立場から踏み込むべきではないという考え方もある。しかし、踏み込まなければ立ちいかない人々もいる。介助者が動かなければ恋人との性行為はおろかデートすらままならない身体障害者、性に関する知識を伝えなければ、望まぬ妊娠や場合によっては性犯罪に巻き込まれる可能性のある知的障害者、認知症の周辺症状の一つである「性的逸脱行動」と受け取られかねない行動をする認知症高齢者たち。福祉サービス利用者が性的ニーズを満たそうとすると、他者を巻き込む可能性があるため、支援者は介入せざるを得ない場面が出てくる。

筆者は、利用者の性的ニーズに関して支援経験のある支援者たちにインタビューを行った。インタビューから見えてくるのは、福祉現場の支援者は利用者の性的ニーズに気づくと、葛藤するということである。本章では、介入した際の支援者の気持ちに焦点を当て、共通点は何か、そして支援者が利用者の性的ニーズを充足しようと考えた時、何が必要なのかを検討する。

2　支援する側はどう思ったのか——支援者たちの証言から

(1)　施設入所女性と施設外で生活する男性とのデート

このケースは、施設に入所している中度の女性知的障害者が、施設外の好意を持っている男性に会いたいというニーズを表明しており、支援方法を模索中というケースである。他の利用者との平等性を保つため、同行できる職員がいつもいるとは限らない中では、その女性利用者と施設外の男性が交際できるように支援できないと、山崎さん（仮名・女性三〇代）[4]は次のように語っている。

「健常者だったら忙しいから辞めておこうかなとか、三日に一回は会いすぎかなとか、気持ちが冷静になることもあると思うんですけど、利用者の中には、会いたいって思ったら抑えられない感じの方もいらっしゃるので、そこが難しいなぁって所でもあるんですよね」。

山崎さんは、女性利用者の会いたい気持ちをコントロールしながら、今後どのように二人の交流の機会を持っていけばいいか苦慮していた。しかし、恋愛初期は自制心が利かないことが、障害の有無にかかわらずあることを、山崎さん自身が理解している。

「でも、かわいそうだなと思うこともあるんですよね。私はいつも思っちゃうんですけど、私が彼女だったら、好きな人に会いたいから、こんな所から出て……とか思っちゃうんですよね。でも、それができない状況になっているというか、私たちができない状況にしちゃってるところもあるんですけど、施設の中に入ってて。好きな時に出ていけないし、好きな時に会えないって思うと……」。

一般的に、知的障害がなく施設利用者でもない場合、自分自身の状況や相手の事を考えて、相手との適切な距離を保つことで良い関係を築くなど、自分自身で会いたい気持ちをコントロールする事が多い。一方、施設に入所している利用者の場合、人的資源など周囲の都合で会いたい気持ちをコントロールさせられる。女性利用者が施設外の男性と会いたい気持ちは理解できるが、施設支援の限界で支援できないというところに山崎さんのジレンマがある。

（2）脳性まひの男女の「遊びの恋」

このケースは、脳性まひの男性身体障害者と、同じく脳性まひをもつ女性障害者が交際しており、二人で会う際の介助を行ったり、交際している男性が好むような下着を介助者が用意していたというケースである。女性障害者が交際していたその男性には別にもう一人、結婚を約束していた交際相手がおり、この男性身体障害者はいわば「ふたまたをかけている」状態であった。介助者はその男性に結婚を視野に入れて交際している女性がいることを知っており、女性障害者にそれで良いのか何度か確かめたというが、女性はそれで良いからと言って交際していた。筆者は、この時の介助者である岩谷公子さん（仮名・女性五〇代）(5)に、男性がもともと交際していた相手からしてみれば不貞行為だが、それを介助することについてどのような思いがあったのか聞くと、その時の施設のあり方が自分に影響を及ぼしていたという。今ではありえないが、当時はその施設では当事者に必要があれば、医療行為も行っていたそうだ。また、その身体障害者施設は、著名な自立生活運動の活動家が在籍しており、新入職員の研修を行っていた。その際、言われた言葉が頭を離れないという。

「そこに私が入って言われたのは、危険を冒す権利、失敗をする権利。それを、あなたはどう思ってるんだと。僕たちは危険を冒すことさえできないのかと。ただ、そのことで、やっぱりやってもらわなきゃいけない、そこのところをやるやらないは個人だよね、って言われて。…（中略）…殺せって言ったら殺してくれる?、っていう。それはちょっとできないですって言ったら、でも、あなたたちって勝手に死ぬよねって。たとえば、冬山は危ないって言っても行くよね?、って。それって健常者だけに許されてることなの?、って問いかけがあったんですよ」。

このケースは、一般的な交際ではないことから、倫理的な課題を生む。この交際がもとで男性障害者カップルが別離した場合、男性障害者が交際していた女性の幸せを壊す、いわば「他人の権利を侵す行為」を介助したことになる。介助者がそれを行うことは、倫理的に問題ないのだろうか。つまり、「失敗する権利」は障害者個人にあるが、それを支援する介助者の倫理をどう捉えればいいのかということである。

恋愛はプライベートな領域の話であり、どのような恋愛をするかは基本的に個人の自由である。しかし、その行為を支援する側は第8章でも後述するように公共性を踏まえた活動をしなければならない立場にあり、職業倫理等によりその活動に関する規定を受ける立場にある。この両者の間に生じるコンフリクトに対して、どのように対応するのかについては、現場の一職員（またはコンフリクトが生じた施設）が個々に判断せざるを得ないのが現状である。そして、このような職業倫理等という「社会規範」と「自己決定の尊重」の狭間に置かれているのが福祉専門職等の支援者であるといえる。

(3) 身体障害カップルの性行為介助

このケースは、施設入所する男性身体障害者から、施設をたびたび訪れる同じく身体障害のある交際女性との性行為介助について相談されたというケースである。その施設では、性行為介助についての相談はその時が初めてで、信頼できる職員同士でどうするか検討したそうだ。その時の気持ちについて、鈴木麻美さん（仮名・女性二〇代）[6]は次のように語る。

「そういうことって障害者にはないって思いがちだけど、好き同士で付き合ってたら、相手に触れたいっていうのも一緒にくっついていたいっていうのも自然な事だろうし、それを障害者だからダメっていうのも、おかしな話だよねって話をしました」。

だけど……と鈴木さんは続ける。

「かといって、施設内でそれをＯＫできるかと言ったら、それはまた別の問題だよねって。利用者さんは個人のお部屋で、アパートと同じ形なのかもしれないけど、でも扉一枚しか隔てていないわけで。それを考えると、じゃあ、お部屋でどうぞとは言えないよねって」。

施設は生活空間であると同時に公共性のある場所なので、プライベート空間が保てないという障壁があった。そして、鈴木さんは、その次の障壁を語る。

「男性職員は、同じ男同士だから裸を見るのは抵抗ないだろうけど、彼女が自分の裸を見られる事を、どこまで同意しているのかっていうのがあります。その男性利用者は体格が良いので、介助に二人は必要になる。そうなると、何人周りにいる事になるのかって。自分だったらって考えるとね。いくら好きな彼のためとはいえ、見ている人が二〜三人いるってなると、また別問題だよねって」。

鈴木さんは女性なので、介助者が複数人いる中で性行為をすることになる女性側の羞恥心について考えていた。鈴木さんの「見ている人」という言葉からは、鈴木さんが性行為の介助を、プライベートな身体部位を見ることになるトイレ介助や入浴介助と同列には考えていないことがわかる。

結局、施設では性行為介助はできないという結論になり、家族にお願いしてほしいと、男性利用者には回答したそうだ。一方で、鈴木さんはそれが難しいことを理解してもいた。

「そこ（性行為介助）を専門としてくれているヘルパーさんがいれば、そこに依頼してっていうのもできるかもしれないですけど、今そういうのがあるわけじゃないですし。ご家庭で介助することが限界だから施設にいるだろうに、その（性行為）の場面だけ立ち会えるかって言われると……（括弧内筆者加筆）」。

施設での性交介助には、施設の公共性と、専門職として基本的に人前では行わない性交の介助ができるかという二重の障壁があったのだった。

(4) 認知症高齢者同士の性的接触

高齢者福祉の現場で、特に問題となるものの一つに、認知症の利用者同士の性行為が挙げられる。男女ともに認知症がある場合のプライベート空間での性的接触は、職員が見ていない場所である上、当事者たちが説明することが難しいため、二人の間に何があったのかを周囲が正確に把握することはほぼ不可能である。よって、合意があったのかどうかもわからないままに、状況から何があったか推測することになる。このようなケースについて、介護福祉施設の管理職看護師だった宮田知恵さん(仮名・女性五〇代)[7]と、高齢者施設の介助者である外山絵美さん(仮名・女性二〇代)[8]が話してくれた。

筆者は宮田さんに、認知症の利用者同士の性的接触を恋愛中と捉えて、支援につなげることはできませんか、と聞いてみた。すると、宮田さんは次のように答えてくれた。

「ダメでしょう。お二人とも、ご家族がいるから。で、ご本人たちは認知症だから。ご本人たちの意思判断ができないわけだから、引き離すしかないです」。

そして、性行動は「性的逸脱行動」としてBPSDの一つに含まれてテキストにも載っていることを話した上で、こう続けた。

「相手を奥さんだと思ってるかもしれないし、そうじゃないかもしれないし、認識できていないかもしれない。妄想の中で、お金で買った人と思ってるかもしれないし……っていう確認が、ご本人に取れないですよね。結局、意思確認ができれば逸脱か逸脱でないかってのは証明できるわけだけども、意思確認ができないし、診断名としてすでに判断力を失っているわけでしょう。その中で起きちゃったら、逸脱行為と呼ばざるを得なくなっちゃうんですよねぇ」。

でも……と、宮田さんは揺らぐ気持ちも、口にする。

「それって、権利擁護の点からいうと、すごく人権無視だなって。恋愛の希望に関しても、本人の同意は無いわけだから、家族が悩む。生死が関わることは重いけど、こと性に関しては、嗜好に関わるものだから、家族は到底判断できないですよね。だけど、本人の気持ちを無視することはできないし」。

また、高齢者施設の介助者の外山さんのケースでは、認知症利用者同士の性的接触が施設で問題になり、家族に相談した結果、その二人が施設内で会わないようにする対応をしたそうである。外山さんはその時の気持ちを、次のように語った。

「一人暮らし同士で、自由気ままに日々を過ごしている者同士だったら、周りから干渉を受けることはないかもしれませんが、施設内で生活している二人だから周りから引き離されてしまったというのは、私個人的には違和感、もしくは施設で生活しているがために感情も自由に認められないのは残念なことだと思います。何より自分が高齢者になった時に、まだ『こうしたい』という意志があるのに、それはあり得ないとバッサリ切り捨てられることと変わらないですから、そんなの誰でも嫌でしょう」。

でも……と、外山さんは続ける。

「認知症が進めば進むほど、自己認識や考える能力というのが低くなってくることも事実ですよね。施設内での利用者同士の恋愛の問題でも、お互い配偶者がいない状態であれば成り立つとしても、たとえば、その方の奥さんが健在で自宅にいるとして、奥さんのことを忘れてしまい、他の女性利用者に目を向ける。普通の夫婦だと浮気になることが、今度は逆に認知症だからしょうがないね……になって許されることは、まずないと思います。そして忘れられた奥さんの立場も、何も思わないでいられるかと思います」。

普通は不倫になることが、認知症だからといって許されるわけはない、と外山さんは言う。認知症高齢者の性的接触のケースでは、その性的な感情が何に起因するものかわからない事と、利用者の判断能力の有無が課題になっているのだった。

(5) 知的障害男性のAV視聴

知的障害男性のAV視聴については、施設に短期入所していた重度の知的障害のある女性利用者と、通常の入所をしていた中度の知的障害のある男性利用者が、施設内で裸で抱き合っていた場面を職員が「発見」してしまった、というケースの中で語られた。佐藤涼太さん（仮名・男性三〇代）[9]は、その施設の職員であった。中度や重度の人が利用する多くの知的障害者施設では、利用者同士の性行為は当事者の同意の確認ができないため、「発見」したら抑止するための介入をせざるを得ないそうで、その施設では「事故」として扱っていた。

「発見」された時、男性利用者が職員に語ったのは、映画の真似事をして遊んでいたということであった。男性利用者が自宅に帰った際に家族と見た映画に、性的なシーンが出てきたのだそうだ。佐藤さんは言う。

「AVを見せてしまって、それがどういう方向に行くのかわからないので、それがトリガーになってしまって、よからぬ方に行ってしまうのではないかとか、園を出た後で地域の住民に性加害をしてしまうのではないかとか考えます」。

性的欲求は健常者でも抑えることが難しい場合があるが、知的障害がある場合、感情を抑えることが課題の一つとなるため、性的な映像を見てしまった後に彼らが自制できるかという点を、佐藤さんは心配する。

ＡＶは確かに、男性の性幻想を具現化したものが多く、男女対等な性的関係が描かれているとは限らない。ましてや暴力的な性行為が描かれている場合もある。では、性教育を行った上で視聴することは無理か聞くと、佐藤さんが重ねて筆者に言った。

「ＡＶ視聴は、何を目的にしているのかということがあります。それは快楽を知ってもらおうという目的でやるのか。保護者も含めて第三者から、どこまで理解してもらえるかというところもありますよね」。

佐藤さんは、ＡＶが描く男女対等ではない性的関係や性暴力的な関係が描かれているという文脈を問題としているわけではなく、ＡＶを視聴させることへの「社会」を含む第三者からの批判を懸念しているように、筆者には思われた。

「ＡＶ視聴は、社会を含めて施設の中でも一般化されていれば問題はないんですけども、あの施設はこんなことをやってるとか、そういうことが『あぁ、斬新だな』というふうに思うところは残念ながら少ないと思うんですよね。なんで、そんなことやっちゃってんのみたいな。特に性に関しては」。

佐藤さんは、性に触れるような余暇活動を「本人が経験したことのない強すぎる快楽」と表現する。その上で、施設で利用者に対し、ＡＶ視聴やポルノ映画鑑賞、性風俗利用などを余暇として提示しない理由として、今日も行きたい、明日も行きたいとなった際に、毎日行くことはできないという説明を受け入れることができず、パニックを起こしてしまう利用者もいることを挙げた。そして、次のように語った。

「やるのは簡単だけどやめるのは難しい、最初からそういうのは提示しない方がいいんじゃないかとか、そういう話になってしまいますよね……」。

施設の運営も含めて、彼らの穏やかな生活を守るために最初から性に触れさせないことが良いのか、生活を乱してでも、人の人生に不可欠な性に触れられるよう機会を作っていくのがいいのだろうか。

（6）身体障害者の性風俗利用

このケースは、介助者の伊藤敬子さん（仮名・女性六〇代）(10)が、脳性まひの身体障害のある男性に騙されて性風俗へ同行させられ介助をすることになった、というケースである。外食に行くと言われて介助していたら、連れていかれたのは性風俗だったそうだ。

「当時払ったのが、八万円くらいだったんですよね。年金の、すごい額なわけじゃないですか、他に収入無いわけだし。そしたら、女にはわかんないって。でも、すっごく幸せそうでしたね。終わった後、ずーっとニコニコしてて。もうー、全く!!みたいに私は言って」。

当時、正直に言われていたら介助していたかと聞くと、「言われていても、連れていったと思いますよ。でも、そこまで話すとは思わなかったと思いますけど。性風俗の知識自体も私には無かったんで。ただ、普通に遊んだり、自分のお金で行ってくれればと」と答えた。

とはいえ、性風俗は女性の性を消費することへの批判から、社会でも賛否が分かれる。その点については懸念がなかったか聞いてみると、「そういうのは、何もないですね。ただ、自分の身体を守ってほしいなっていうのと、私の中では性行為っていうのは、感情がないとしてはいけないんだろうなってのがあるので、逆に性風俗の女性ってかわいそうだなって。どっちが良いとか悪いとか言えなくて、需要と供給があるのでしょうがないのかなって。でも、そうせざるを得ない人たちはかわいそ次のように続けた。

うだなと」と答えた。

また、伊藤さんは施設に入所している人たちは、長くいればいるほどお金が貯まっていくこと、面会にも来なかった家族が、亡くなった後はすぐに来てお金や所持品を持って行ってしまうことを話し、次のように続けた。

「その人のお金は、その人のものだから使った方がいいよって言うんだけど、でも、その人にとっては実のあるお金なんですよね、性風俗のお金は」。

当事者にとっての価値は自分とは違う、自分はその分おいしいものを食べた方が良いのだけども……と、伊藤さんは言うのだった。

一方、ご本人にとって性風俗に行くことが妥当なのかを、まったく検討せずに連れていっているわけではない、という支援者もいる。男性支援者の高野直人さん（仮名・男性五〇代）[11]はそのタイプだ。自分は男性なので、同じ男性として女性に対しての自信と余裕を持たせてあげたくて……という高野さんは、過去三〇回程度、身体障害のある男性の性風俗への同行をしていた。

「問題は身体障害であっても、重複で精神疾患があったり、高次脳機能障害がある方々にとってどうなのかなと。ご本人がどこまでコントロールできるか。ご自身の経済的な事情と、性風俗サービスに行きたい回数との間で、ご自身で管理が難しい方もいらっしゃるし。だから、性風俗に行きたいというときにどんな場合でもやってるわけじゃないですよね」。

身体障害者であっても、十分に判断能力があるのかないのかで対応が変わってくる。そこには、専門職としての判断があることがうかがわれるのだった。

3　「性的ニーズ」への支援の障害
――社会規範・利用者の判断能力・支援の根拠

これまで、六ケース見てきた。どのケースも様々な悩みを抱えて対処していったことがわかる。宮本（二〇一三：五三―一〇七）は、福祉専門職は「障害者」や「高齢者」の当事者性を持っていないが、性については非当事者であるとはいえないことを指摘している。性的ニーズを抑止されることは厳しい我慢が強いられるということを、同じニーズを持つ当事者として支援者もある程度理解している。その中で周囲とバランスを取りながら、どうにか対応を模索しているということが語りから見えてくる。その語られた様々な悩みには、共通点が三つある。以下、この三つに関して考察する。

(1) 社会規範

一つ目は社会規範である。児島(二〇〇二:二〇九‐二五六)は社会にある「価値、規範(役割期待を含む)」が、行政や制度、当事者の他に「ケアラー」すなわち福祉専門職や家族などに影響を及ぼしていることを指摘している。本章でのインタビューに答えてくれた支援者たちも、周囲がどう捉えるかということを常に考えており、「社会規範」から影響を受けていることが表われている。前述した高野さんが、インタビュー中に話した言葉が象徴的である。高野さんによると、恋愛は別として性風俗利用や射精介助など直接的な性欲に対処する性的な支援を行う事に対して否定的に捉えている職員は、高野さんがかつて関わった職員への調査では九割いたとのことであった。その雰囲気の中、普段から「職員間の暗黙の注視がある」というが、さらに、それが性的ニーズへの支援の場合には、より一層表に強く出るという。次は、高野さんの発言である。

「道徳的な部分で、税金で何やってるんだよってところはある。職員も同じだと思いますよ。年金を何に使おうといいですよねというときに、じゃあ、そのお金は誰から、どこから出たかっていう意見が、国民の中にもありますよね。生活保護とパチンコ、たばこと同じで、誰のお金で遊ぶのかと。もちろん少数ではあっても肯定的な職員もいるけれども、そういうものは、性に関しては元々ある」。

結婚、出産、子育てなど、社会制度と関連する性的ニーズの支援には議論の余地がある。特に子育てへの支援に関しては、地方自治体によっては「重度訪問介護」の中でヘルパーが一部行えるようになってきている。しかし、交際を支援することと直接的な性的ニーズに対応する支援は、余暇に含まれて遊びの範疇と見られるため難しくなる。そして注目すべきは、これらの利用者の性的ニーズを支援者が明確に抑止できるだけの根拠（たとえば犯罪の疑いがある、または明らかに危険がある等の）はないということである。前述の六つのケースはすべて倫理的に支援しにくいが、かといって即座に止めるほどの根拠はないケースである。このような中途半端な状態ゆえに、支援者に葛藤が生じる。

(2) 利用者の判断能力

二つ目は、利用者本人の持つ判断能力の問題である。十分な判断能力のある利用者かそうでないかが、支援に影響するのである。本章のインタビューにおいて知的障害者の支援者である佐藤さん、山崎さん、高齢者施設の看護師である宮田さん、重度の精神障害や高次脳機能障害等、重複障害のある利用者の性風俗利用についての高野さんの語りには、利用者本人の判断能力や欲求をコントロールする力への言及があった。知的障害者のＡＶ視聴を語った佐藤さんは、知的障害者の性的なものに触れる余暇を作るとすれば、それは「本人が経験したことのない強すぎる快楽」になると表現した。強すぎる快楽、強すぎる感情をコントロールすることは、判断能力があっても難しい。欲求のコントロールができるよう支援するには、忍耐と時間が求められる。福祉現場の現状では、その余裕を持てないというのが現実であろう。

（3）「性的ニーズ」を支援する根拠がない

三つ目は、「性的ニーズ」を支援するための制度的根拠と、理論的根拠がないという福祉の哲学に通じる問題である。介護福祉施設の宮田さんは、性的ニーズへの支援について次のように語っている。

「もし、性的なサービスを加えるのであれば、その根拠が必要でしょう。食事介助は、人間は食べなきゃ死ぬわけだから介助をするわけで、体位交換もそう。じゃあ性的なものは、やらなきゃ死ぬのかっていうと、死なない。そうなると、命に関係ある関係ないを優先順位にしなかったとしても、欲求の中でも一番下なのかもしれない。娯楽だから、オプション側に入っちゃいますよね。なので根拠はオプション」。

多くの社会福祉の事業は法律に位置づけられているものでもあり、福祉専門職は何でも支援できる職種ではない。福祉専門職が支援を行う時、そこには支援する哲学や根拠が必要になる。社会保障制度の基礎となっている一九五〇年の社会保障審議会勧告の定義に含まれている支援の対象となる事象は、「疾病、負傷、分娩、廃疾、死亡、老齢、失業、多子その他の困窮の原因」であり、性を社会保障の対象とする根拠はない。

また、支援の理論的根拠がないということもある。たとえば、知的障害者のAV視聴について、佐藤さんは何を目的にしているのかと筆者に問うた。AVは社会に流通している。しかし、近年ではAV製作過程での人権侵害が明らかになってきており[12]、内容にも性暴力的な表現がある。障害のない人がアクセスできるのだから、障害者もアクセスできるようにすべきだと言うことは難しい。また、交際を支援する際には、カップル間にDVが起こる可能性も無視できない。親密な関係は必ずしも永続的とは限らないばかりか、DV関係になれば「困窮の原因」になりかねず、その場合はさらなる「社会保障の対象」になることを予防するため、引き離すことが適切な支援にすらなり得るのである。

4　福祉の理念および人権に関する宣言から

(1)　ノーマライゼーション

福祉領域で盛んにいわれているノーマライゼーション理念であるが、この中には性に関する言及がある。ノーマライゼーション理念を八つの側面に整理したニィリエは、その中の一つに「その文化におけるノーマルな性的関係」を挙げている。ニィリエは、良い環境で育まれ、新しい命を生み、育てるという、原家族から生殖家族への移行を指して「性教育や社会的な能力の向上にとって重要なこと」（ニィリエ 二〇〇一：一二九-一五五）と捉えている。

一方で、「その文化におけるノーマルな性的関係」がノーマライゼーションの一つだとすれば、「その文化においてノーマルで〝ない〟性的関係」はどう捉えたらよいのか。福祉現場において性的ニーズは、「ノーマル」ではない、すなわち規範的あるいは倫理的でないケースも多い。かと言って、法律に抵触するようなケースでない場合も多い。これをどう扱うのかが課題となる。

(2) 性の権利宣言

ノーマライゼーションが支援実行のストッパーになりえてしまう一方で、暴力によって他者の権利の侵害をしない限り、すべての性行動の自由を権利とする宣言が世界にはある。「性の権利宣言」[13]である。「性の権利宣言」は、「すべての人間が、人間としてもって生まれた自由・尊厳・平等に基づき、危害からの保護に対するコミットメントを含む」ものであり、「人種、民族、肌の色、性別、言語、宗教、政治上その他の意見、国民的もしくは社会的出自、財産、出生時およびその他の状況（障がいの有無・年齢・国籍・婚姻状況・家族関係・性的指向やジェンダー・アイデンティティ・健康状態・居住地・経済的および社会的状況）に基づく、あらゆる区別、排除あるいは制限を禁じる」とされている。すなわち、「性の権利宣言」では年齢あるいは障害の有無の区別なく、性の権利に関する「制限を禁じる」のである。「性の権利宣言」には一六の権利があり、それらは性と生殖に特有の権利を含む三つの領域に分けられる。そのうち、性と生殖に特有の権利は次の七つである。

・楽しめて満足できかつ安全な性的経験をする可能性のある、性の健康を含む、望みうる最高の

性の健康を享受する権利

- 科学の進歩と応用の恩恵を享受する権利
- 情報への権利
- 教育を受ける権利、包括的な性教育を受ける権利
- 平等かつ十分かつ自由な合意に基づいた婚姻関係又は他の類する形態をはじめ、築き、解消する権利
- 子どもを持つか持たないか、子どもの人数や出産間隔を決定し、それを実現するための情報と手段を有する権利

性を人権として捉えた「性の権利宣言」では、年齢も障害の有無も生殖の有無も関係なく、性的ニーズを実現することは権利なのである。しかしながら「性の権利宣言」に書かれているのは権利を持っているということのみであり、その実現に他者の支援が必要な場合に支援を受ける権利があるということまでは言及されていない。現実から権利の実現までは長い道のりがあり、その道のりは当事者とともに支援者も歩む必要がある。では、支援者が彼らの性的ニーズの充足を実現しようとする時、何が必要になるのだろうか。

5 「性的ニーズ」への支援は可能か

(1) 性行為介助とニーズ把握の可能性

関係が発展すれば、当然相手と触れ合いたくなる。その二人が肢体不自由者で性行為ができなかった場合、介助が必要になる。恋人同士が性行為をすることが互いの関係を深めるために必要であるとすれば、それは支援する必要があるだろう。誰であっても、合意の上ならば恋人同士の性行為をする権利がある。

しかし、鈴木さんは身体障害者カップルの性行為の介助ができなかった。このことを、どのように捉えたらよいだろうか。

谷口(一九九八:一九三-二〇三)は、性行為における体位について、「『正常位』という言葉が存在しますが、誰にとっての正常なのかという問題が大きい」と述べている。また、岡原(二〇一二:二-九)は性行為を定義すると、その定義から外れる性行為をする人が現れた際に、人は「新たなセックスの仕方を『異常』『例外』とみなす」場合が多いことを指摘している。身体障害者の性行為のあり方は、一般に性行為といって思い浮かべる形とは少し違うかもしれない。支援者は多くの場合、肢体不自由当事者ではない。当事者ではない支援者が、支援者個人の性行為を基準に彼らの性行為を考えても、肢体不自由者に当てはまらない。支援者は、肢体不自由者の性行為のあり方が自分たちのそれとは違うことを、理解する必要があるだろう。当然、その中には、複数人に介助されながらの性行為もありうる。

日本にはない性行為介助サービスだが、海外には様々な次のような援助方法がある。たとえば、デンマークではセクソロジストと呼ばれる国家資格を得た専門職がおり、施設職員対象の講習会講師や、施設職員では関わりの難しい知的障害者のケースに関わったり、障害者の自慰行為介助、性行為介助を行ったりしていることが報告されている（狭間 二〇〇七：七三-八二）。

また、日本でも有名なオランダのボランティア団体「ＳＡＲ」では、身体障害者、知的障害者、精神障害者の性行為の相手のほか、お茶を一緒に飲む時間を過ごしたり、自慰行為の手伝いをしたり、性行為が難しい障害者カップルの介助や指導を行っているという報告を、「障害者の生と性の研究会」が一九九六年に行っている[14]。

前述したＮＰＯ法人「ノアール」の熊篠慶彦も、『よくわかる障害学』の中で障害者のセクシャリティの項目を担当し（熊篠 二〇一四：七四-七七）、その中でカナダの Disabilities Health Research Network[15] というサイトで公開されている *Pleasure Able* という冊子を紹介している。その冊子では、身体障害者のカップルが自力で性行為できるように、体位や椅子などの自助具が紹介されている。その冊子の内容は、性行為も他の日常行為と同じように、できることはできるだけ自分で、どうしてもできないことを介助するという介助の基本姿勢を改めて思い出させてくれる。

性的ニーズを実現するためには、何を、どこまで介助する必要があり、どこから自分で行えるのかを丁寧に見ていくことが必要になる。そして、どのように、それを行っていくのかが課題となる。

(2)「出会い」の支援はSSTの一つ

利用者の将来のパートナーとの出会いを避けたいと考える支援者がいる一方、逆に積極的に支援する人たちがいる。本章を執筆するにあたり、出会いの場を作る事に取り組んでいる何人かの支援者に話を聞くことができた。この取り組みをしているのは、全員ボランティアであった。彼らが出会いの場を作るには、それぞれにそれなりの目的がある。

街コンの障害者版を定期的に行っている高木智広さん(仮名・男性二〇代)[16]は、デート費用の捻出のためには就労しないといけないので、恋愛は就労のモチベーションになるという。

「彼らは、ともかく納税ができないくらいに福祉に依存させられてしまっている。だから恋愛もできなくなっている。彼らは労働力として働き税金を納め、世の中の人からは自分の能力を生かして自分の生活を成り立たせつつ社会に貢献してる、そんな感じになってもいい」。

また、二五対二五という障害者の大規模合コンの開催を、過去一〇年にわたって支援している障害者相談支援事業所の吉田由紀さん(仮名・女性三〇代)[17]は、「あそこはSST(ソーシャルスキルトレーニング)の集大成の場」と位置づける。

「踏み込むも、引くも、礼儀正しい言葉を使ってその場の雰囲気を悪くせず過ごすのは、すごく大変なことなんだろうなぁとは思うんですね。やっぱりずっと（施設の日中活動や就労場所に）通ってれば気心も知れてきますけど、初対面の人たちなので、きちんとしなくちゃっていう気持ちがあると思います。実践の場があるというのは、とても良いことですよね。知らない人と長い時間居合わせるっていうのも、あまりないいんだと思います」。

一方、知的障害者のみを対象として一泊二日のツアーを企画する市川剛さん（仮名・男性五〇代）[18]は、「結婚、恋愛、性行為は人生の中では大きな事だから、『したい』って言えば喜んで手伝うし、応援するよね」という。しかし、障害者は職場では健常者ではないということで周囲に壁を作られ、異性はおろか同性との関係ですらも横の関係が作れず、かといって作業所などの福祉的就労の場では、恋愛は問題行動の一つとされるので、これまた異性との横の関係が作れないということを、かねてから課題と考えていた。なお、彼らの出会いの障壁の一つに保護者がいるため、保護者同行禁止の旅行を通して、出会いの機会を提供しているという。

(3) 恋愛におけるバリアフリーの構築を目指して

出会いの場の実践を行う人たちは皆、彼らが恋愛をすることそのものが目的ではなく、その先にあるものや、そこで経験することが成長の糧になると信じて実践している。恋愛は良いことだけではない。しかし、彼らは失恋の辛い体験も人生には大事な事と捉えている。なぜなら、利用者は私たちと同じだからだ。知的障害者対象のツアーを行う市川さんには、忘れられない言葉があるという。それは、軽度知的障害の女子高生に、手帳を取得させた時に言われた言葉だそうだ。

「私、知的障害者だから恋愛できないね」。

市川さんはそう言われ、何も言えないくらいショックを受けたという。その発言は決まって女性が言うことが多く、男性は結婚や恋愛について言及しないそうだ。市川さんは、手帳を取って良かった、そう思われなければ手帳の意味はないと考える。「俺が手帳を取らせるなら、絶対に、手帳のせいで恋愛できないとは言わせない」のだそうだ。だから市川さんは、出会いを支援する。女性が女性として見られない悲しみを、彼は知ってしまったからだ。

年頃の普通の女性として、あるいは男性として扱われるということ。社会福祉では、利用者を女性としてあるいは男性として意識しない。また性的な話題はデリケートであり、ともすれば支援は利用者へのセクシュアルハラスメントに当たる可能性もあるため、日頃の支援の中でも性的な話題には触れない。だから、利用者に性的ニーズがあっても、それを把握するタイミングはない。さらにいえば、問題行動のトリガーになるかもしれないから、把握するタイミングを作る必要もないと考えているかもしれない。しかし、それだけでいいのだろうか。

異性の友人がほしい、恋人がほしい、デートがしたい、誰かと触れ合いたい。それらの誰もが当たり前に持つニーズと向き合わないことで、結果的に彼らを性的なものから遠ざけているというのが、今の福祉現場の現状であろう。

(4)「失敗する権利」を尊重する

二〇〇〇年の社会福祉基礎構造改革以降、措置から契約になり、障害者は施設と契約して福祉サービスを受けられるようになった。施設に第三者評価が導入されるようになり、障害者虐待防止法が施行されて、施設も徐々に変わることを求められている。それらの社会の流れに伴い、施設が措置の時代ほどには不可視化された存在でなくなっている。施設の中でどのような支援が行われているのか周囲の人がわからないという時代は、以前のものになりつつある。施設を監視する目が以前より厳しくなり、以前よりも人権侵害とみなされるようなことは許されない風潮が強まりつつある。

一方で、その監視の目に縛られ、身動きが取れない支援者も増えてきているのではないかと考えられる。監視の目があるということは、失敗することができないということでもある。失敗できないとなれば、支援者はマニュアルにないことは、怖くて手が出しにくくなる。支援者が、利用者の転ばぬ先の杖になってしまう。

一方、健常者の世界では失敗が許される。岩谷さんが「失敗する権利」を学んだ身体障害者の言葉の中に、「冬の雪山」という言葉があった。危なくてもトライする権利は自分たちには無いのか、という問いだった。登山は事故や体調不良などの危険が伴う。どうしても登山しなければならない理由は、誰も持っていない。さらに冬の雪山となれば命の危険すらある。それでも登山が一つの文化あるいはレクリエーションとして位置づけられているのは、登山は危険であるが登山者が十分に注意していること、そして危険であるが社会が容認していることが大きいのではないだろうか。また、登山者側にも冬の雪山に登るための準備、知識が備わっていること、万が一遭難してしまった際の救助の仕組み、医療の仕組みも、ある程度整備されている事も重要であろう。

これらを性的ニーズと置き換えて考えると、まずは障害者にも性欲があり、性的な点についても、健常者と同様に主体性を持つのが当然であるとの認識を社会が持つこと、性的ニーズの充足も生活支援の一つであると容認していくことが必要になる。一方で、利用者側がリスクを理解するための支援も必要であるし、リスクを十分には理解できない可能性がある知的障害者や認知症高齢者への対策も必要になるのである。

注

（1）二〇〇四年に代表の熊篠慶彦が立ち上げたＮＰＯ法人。身体障害者を対象に、性に関する情報提供を行ったり、性に関するイベントを行ったりしている（ＮＰＯ法人ノアールＨＰ、http://www.npo-noir.com、二〇一六年五月六日アクセス）。

（2）新潟に拠点がある団体。身体障害者の射精介助のほか、広く性に関する研修等を行っている（ホワイトハンズＨＰ、http://www.whitehands.jp/menu.html、二〇一六年五月六日アクセス）。

（3）大分県「障がいのある人もない人も心豊かに暮らせる大分県づくり条例」より（http://www.pref.oita.jp/site/syougai/kokoroyutakajyourei.html、二〇一六年五月六日アクセス）。
（4）筆者によるインタビュー（二〇一四年八月二九日）。
（5）筆者によるインタビュー（二〇一三年八月四日）。
（6）筆者らによるインタビュー（二〇一五年一月一三日）。
（7）筆者によるインタビュー（二〇一五年二月下旬）。
（8）筆者によるインタビュー（二〇一五年二月下旬）。
（9）筆者によるインタビュー（二〇一四年八月二九日）。
（10）筆者らによるインタビュー（二〇一三年八月四日）。
（11）筆者によるインタビュー（二〇一三年九月三〇日）。
（12）ヒューマンライツ・ナウ（二〇一六）によって広く知られることになったこの問題は、その後政府が被害防止に取り組むなど大きな社会の動きにつながっていった。報告書はヒューマンライツ・ナウＨＰ（http://hrn.or.jp/news/6600/、二〇一六年六月三〇日アクセス）から全文閲覧可能である。
（13）「性の権利宣言」は世界性科学会のＨＰ（http://www.worldsexology.org/wp-content/uploads/2014/10/DSR-Japanese.pdf）で全文閲覧可能である（二〇一八年一月現在）。東・中尾（二〇一五）には、翻訳文献もある。
（14）ＳＡＲ ＨＰ（http://www.stichtingsar.nl/NL_index.html、二〇一七年六月三〇日アクセス）。この団体は、現在も活動している。熊篠慶彦氏は『よくわかる障害学』の中で、「日本の研究者やライターが海外の事例として紹介するほぼすべてがＳＡＲである」（熊篠 二〇一四：七六）という指摘をしている。
（15）Disabilities Health Research Network ＨＰ（http://www.dhrn.ca、二〇一七年六月三〇日アクセス）。このサイトには障害に関する言及も多い。

(16)　筆者によるインタビュー（二〇一五年一一月一六日）。
(17)　筆者によるインタビュー（二〇一四年六月二三日）。
(18)　筆者によるインタビュー（二〇一四年二月二〇日）。

参考文献

旭洋一郎（一九九三）「障害者福祉とセクシュアリティ――問題の構造とケアの課題」『社会福祉学』三四（二）、日本社会福祉学会、一二九-一四五頁。

岡原正幸（二〇一二）「セックスする私たち――性活動を考える」玉垣努・熊篠慶彦編著『身体障害者の性活動』三輪書店、二-九頁。

熊坂聡（二〇〇八）「『高齢者施設入居者の性』に対する職員の認識と対応についての考察――山形県内施設の調査から」『介護福祉学』一五（一）、五〇-六一頁。

熊篠慶彦（二〇一四）「無視された日常生活動作と自助具――身体障害者のセクシュアリティ」小川喜道・杉野昭博『よくわかる障害学』ミネルヴァ書房、七四-七七頁。

児島亜紀子（二〇〇二）「誰が『自己決定』するのか――援助者の責任と迷い」古川孝順ほか『援助するということ――社会福祉実践を支える価値規範を問う』有斐閣、二〇九-二五六頁。

障害者の生と性の研究会（一九九六）『知的障害者の恋愛と性に光を』かもがわ出版。

田中秀和（二〇一二）「社会福祉学におけるセクシャリティの課題」『新潟医療福祉学会誌』一二（二）、新潟医療福祉学会、七三-七九頁。

谷口明広（一九九八）「障害をもつ人たちの〝性のノーマライゼーション〟をめざして」谷口明広編著『障害をもつ人たちの性――性のノーマライゼーションをめざして』明石書店、一九三-二〇三頁。

ニィリエ、ベンクト／河東田博・橋本由紀子・杉田穏子・和泉とみ代訳編（二〇〇一）『増補改訂版　ノーマライゼーションの原理――普遍化と社会変革を求めて』現代書館。

狭間郁野（二〇〇七）「デンマークにおける知的障害者の性的自由を保障するための性指導実践」『総合社会福祉研究』三一、総合社会福祉研究所、七三‐八二頁。

東優子・中尾美樹（二〇一五）「翻訳資料　世界性の健康学会『性の権利宣言』」『社会問題研究』六四（一四三）、大阪府立大学人間社会学部社会福祉学科、五九‐六二頁。

ヒューマンライツ・ナウ（二〇一六）『日本：強要されるアダルトビデオ撮影　ポルノ・アダルトビデオ産業が生み出す、女性・少女に対する人権侵害』ヒューマンライツ・ナウＨＰ（http://hrn.or.jp/news/6600/、二〇一八年一月五日アクセス）。

宮本節子（二〇一三）「差別、貧困、暴力被害、性の当事者性――東京都五施設の実態調査から」須藤八千代・宮本節子『婦人保護施設と売春・貧困・ＤＶ問題』明石書店、九六‐一〇七頁。

Disabilities Health Research Network ＨＰ（http://www.dhrn.ca、二〇一七年六月三〇日アクセス）。

ＳＡＲ ＨＰ（http://www.stichtingsar.nl/NL_index.html、二〇一七年六月三〇日アクセス）。

第Ⅲ部　公共政策・社会環境から見た「性的ニーズ」

第8章　「性的ニーズ」への支援と公共政策

結城康博

1　社会保障費の増加の中で

序章で単純な「性欲」に対する支援は、多くの福祉従事者が、行うべきか否かの選択に悩まされていると論じた。実際、福祉援助者自身にも「性欲」がある以上、たまたま自分は身体的な障害がないため、自分で「性的ニーズ」に対応できる。しかし、仮に自分が身体的な障害を持っており、自ら対応できなければ、どうにかしてもかなえたいと思う者も多いだろう。いわば、その支援は人間という「性《さが》」からすれば、対応すべきではないかと。

その意味では、人間の「欲」について考える必要がある。周知のように「マズロー（Maslow, A.H.）の欲求五段階説」は、これまで多くの著作、論文で引用され人間の欲求を論理的に規定したものと認識されている。これら「生理的欲求（physiological need）」「安全欲求（safety need）」「社会的欲求（social need/love and belonging）」「尊厳欲求（承認欲求）（esteem）」「自己実現欲求（self actualization）」といった五つの欲求分類の中で、性的欲求は「生理的欲求」と位置づけられるのが一般的だが、一部、

「尊厳欲求（承認欲求）(esteem)」も、愛されたいといった側面から含まれると考えられる。性風俗に通う高齢者の一部に、全く「射精」もせず、寄り添っているだけで満足する高齢者がいるのは、第2章で述べた通りである。このような性的欲求は、「尊厳欲求（承認欲求）(esteem)」に近いのではないだろうか。

しかし、「福祉」の視点で人間の「欲」に対応する、いわばニーズに応えるには経済的な予算・財政という視点は欠かせない。ボランティアという行為は「福祉」の範疇には入るが、この点についての制約は比較的少ない。一方、福祉援助者の多くは「福祉制度」の枠組みの中で仕事に従事しており、税金や保険料といった財政的な問題を踏まえて、その支援のあり方を議論しなければならない。

現在、介護保険や障害者総合支援法によって、訪問介護（ヘルパーサービス）サービスをはじめ、デイサービス、施設サービスなどが提供されている。これらのサービスの財源としては、保険料や税金といった公費で賄われている。昨今、国の借金が一〇〇〇兆円を超え、社会保障費の抑制策が問題視されている。

つまり、どうしても福祉の利用者である「ニーズ」対応において、税金や保険料といった財源（公費）を活用しても差し支えないか否かの議論は避けられず、そこには公共政策的な価値観が伴うことになる。つまり、公的な資金を絡めながら「性的」ニーズへの対応について検証・分析する必要がある。以下、いくつかの事例を基に、この点について考察していきたい。

2　介護保険外サービスを利用した支援

(1) 成人雑誌の購入

先日、サービス付き高齢者向け住宅（以下、サ高住）とタイアップしている訪問介護事業所を訪ね、介護保険内外のサービス利用について話を聞いた。[1] サ高住は、施設としてではなく住宅というコンセプトで作られたもので、訪問介護事業所、デイサービス、訪問看護ステーションが付随しており、要介護高齢者が暮らしながら建物内で介護保険サービスが利用できるサービスである。当然、住宅であるため、部屋での飲酒・喫煙も可能であり、家族も自由に宿泊できる。しかし、「住宅」であっても、一定のルールの下で生活しなければならない点では、介護施設（個室型）と同様である。訪問介護事業所の責任者によれば、利用者のニーズも多様化しており、そのサービス内容に応じて介護保険サービスを活用したり、保険外サービスで対応しているという。

そこで、かつての住居人であった高橋俊樹さん（仮名・七九歳）の事例を紹介された。要介護1で杖歩行のため、身の回りの生活は支援が必要ながらも、住宅内で元気に暮らしていた。気性が激しく生涯独身で、若い時はかなりの遊び人であったようである。また一定の資産を保有しており、経済的には困らない状況であった。

高橋さんは杖歩行のため、日常的に必要な身の回りのものは、月一回程度、買い物を目的に介護保険制度によるヘルパーサービスを利用していた。しかし、もう一つ成人雑誌やAVを買ってきてほしいと要望する事もあった。高橋さんは飾らない性格だったのである。

しかし、これらの買い物については、保険外サービスとして対応した。保険内サービスでは、一割の自己負担ですむため約三〇〇円程度で済むが、全額自己負担となると約三〇〇〇円の負担となる。高橋さんは、毎月一回、定期的に保険外サービスを利用しながら成人雑誌を購入していたのである。

（2）性風俗を希望する高齢者

別の訪問介護事業所の関係者に話を聞いたのだが[2]、高木一郎さん（仮名・八一歳）は要介護2で、在宅で暮らしていた。軽い認知症も患っており、身の回りの事は支援が必要で月一回の通院もヘルパー介助が必要であった。よく若い頃から性風俗で遊んでおり、ヘルパーに「性風俗に連れて行ってくれないか？　お金を支払うのだから、病院へ行くのと、性風俗に行くのは何が違うのか？」といった不満を強く持っていた。

もちろん、ヘルパーは性風俗へ連れていくことを拒み、まして介護保険サービスの活用は難しいと判断した。しかし、全額自費でヘルパーサービスを利用するのであれば、介護事業所も法令上は全く問題ないと判断した。ただし、高木さんは軽い認知症もあり、性風俗へ行く希望があったものの、ヘルパーが店の近くまで連れていき、「閉店したようです！」と声かけしながら紛らわすことで、利用することはなかったようである。認知症であったため何度か試みて難しければ、そのうち気が紛れてしまう高木さんであった。

この介護事業所の責任者は，高齢者といえども性風俗に行きたい希望は理解できるが，何らかの介助なしに性風俗に行くことは難しい。その際に，保険外サービスの利用であれば，全く問題ない。ヘルパーさえ業務を拒まなければ，事業所としては対応可能であるということであった。しかし，高齢者の経済状況を考えるなら，厳しい年金生活では性風俗の利用は難しいという。そのため，できる限り性風俗へ行かないように支援しているという。

3　現行の法令に規定されている余暇活動への支援

(1) 介護保険制度では厳密に規定──犬の散歩は適用外

介護保険制度における訪問介護（ヘルパー）サービスでは，細かく利用目的が「規定」されている（表8-1）。生活援助としての「買い物」「掃除」「洗濯」は認められているが，同居家族がいれば日中独居状態など何らかの理由がなければ利用は難しい。また，同居家族の部屋の掃除や食事の支援はできないことになっている。あくまでも高齢者一人分の食事しか認められない。

当然，庭の草むしり，犬の散歩などは保険適用外となる。しかも，身体介護においては，友人との食事，観劇・映画・理美容のためのヘルパー利用も保険内では認められていない。

表８-１ 介護保険制度における訪問介護の保険内外の支援内容

保険内	保険外
買い物 掃除 洗濯 食事作り 身体介護 通院介助（病院内除外） 薬の受け取り	家族の食事 ペットの対応 草むしり 大掃除 季節ごとの衣服の出し入れ 友人との会食に伴う余暇に伴う介助

出所：筆者のケアマネジャーの時の経験と介護保険法を基に筆者作成。

（2）比較的緩やかな障害者総合支援法

しかし、障害者総合支援法における訪問介護サービスにおいては、地方自治体によって判断が異なるが、介護保険制度よりも緩やかな運用となっている。たとえば、福岡市では「地域生活支援事業」の中の移動支援として、次の余暇活動等社会参加促進のための外出をする場合、訪問介護サービスが認められている[3]。

①本市において開催される催しや大会、研修会などに参加するための外出
②利用者の子どもの学校行事への参加のための外出
③公的施設利用のための外出
④買物・理美容のための外出
⑤習い事・サークル活動などのための外出
⑥その他上記に準じ社会参加の観点から適当と認められる外出

ここで注目すべきは、習い事・サークル活動に関しても、公的な訪問介護サービスの利用が認められている点だ。介護保険制度では認められていない、

サークル活動や習い事、理美容まで公的なサービスで対応可能である。なお、利用が認められていない外出に関するサービス内容は次の通りである。

①通勤、営業活動等経済活動に係る外出
②社会通念上適当でないと認められる外出（例：ギャンブル、飲酒を目的とした外出等）
③募金、宗教、政治的活動等、特定の利益を目的とする団体活動のための外出（ただし、葬式、法事等一般的慣習として行われている行事への外出は利用可）
④通年かつ長期にわたる外出（例：通園、通学、施設・作業所への通所等）
⑤介護者が運転する車を利用した外出

福岡市の障害者総合支援法における公的な訪問介護の利用の可否の判断でポイントとなるのが、「社会通念上適当でない」という価値観である。確かに、ギャンブル、飲酒といったように個別具体的な利用制限については多少は規定されているものの、何が社会通念上適当であるかは、ケースバイケースとなっている。

（3）法令による規定と社会規範

そこで、読者に障害者が先の高齢者のように「成人雑誌」を購入するための外出に、福岡市が「規定」している公的な訪問介護を利用できるかと問えば、ほぼ間違いなく「否」だと答えるに違いない。「成人雑誌」の購入は、税金が投入されている公的サービスには適さないと考えるだろう。

しかし、このような「社会通念上という規範」に基づく「規定」は、福祉現場に携わる者にとって極めて主観的である（個々の援助者の判断に委ねられ、福祉業界において統一的なコンセンサスが得られていない）。つまり、単に「規定」とは、「法令」に見られるように明らかに禁止されている、もしくは許されざるべき行為であると決定されていることを意味する。

一方、「社会通念上好ましくないという規範」は、多くの人に「許されるべきではない。駄目である」といった価値観の共有はされているものの、明らかに駄目なのか否かの境界は明確にされていない。

たとえば、好ましいことではないが、パチンコ、競馬、競輪といった娯楽を、一部の生活保護受給者が楽しんでいる実態は多くのマスコミでも報道されている。つまり、同じ税金が財源となっている生活保護制度において、自分で馬券などを買う資金に、生活保護給付費の使途を「黙認」しているケースも多々ある。確かに、一部の地方自治体では、生活保護受給者に対して、これらのギャンブル性の保護費の活用を厳しく「規定」している場合もあるが、一定の娯楽という意味であれば許容している地方自治体もあり、その解釈は地域によって格差がある。

これらは各地方自治体が「社会通念上の規範」に基づいて「規定」が解釈されているため、その対応に差が生じていると考えられる。しかし、競馬場へ行くためのヘルパーの利用はできないというのは、全国的に共通の価値観として共有化されている。

4　公共財と私的財

また、「性」に関する支援において、「社会化（個人のニーズとして社会で広く認められる事）」という視点で公費（税や保険料）が用いられるか否かの判断がなされていると考えられる。「性」の問題は、日本ではプライベートな領域とされ、社会で対応していくべきではないとの価値観が、未だ根強いのではないだろうか。つまり、プライベートな領域に関して、保険料や税金を用いて対応するのは適切ではなく、家族や地域（ボランティア）といった非公共空間で対処すべきという考え方が大勢を占めているためである。いわば「性」に関しては、社会化できない日本の文化的な側面も見逃すことはできない。日本社会において「性」に関する問題は、水面下でかなりの「市場」とはなっているものの、社会化されているわけではない。

つまり、社会化されていない分野について、公費で賄われているサービスを使途することは難しいのではないかと、多くの市民が認識しているに違いない。「成人雑誌」の購入に関しても、表立って明らかにすることは社会的に躊躇されている。これは一般家庭で、誰かが「成人雑誌」と「競馬雑誌」を購入する際に、前者は公にされないケースが多いのと同じことである。

経済学では、通常、「公共財」といえば、「非排除性」と「非競合性」の要素のどちらかを併せ持つサービスと定義づけられる。たとえば、国防、警察、電波（テレビやラジオ）、公園などが当てはまる。これらのサービスは、誰でも利用したいと思えばサービスを享受でき（非排除性）、誰かが利用すれば誰かが恩恵を受けられないということはない（非競合性）。

つまり、現物型の福祉サービスを考えるにあたっては、「公共財」と「私的財」の区分から論じる必要がある。端的にいえば、公費が投入されている介護や医療サービスは「公共財（厳密には「準公共財」といえる場合もある）」であり、全額自費によるサービスは「私的財」といえる。当然、「公共財」に近いサービスにおいては、いくら正当性があるとはいえ、社会通念上、疑義が生じていれば、サービスとは認められない。高齢者が「成人雑誌」を購入することで、精神的に安定し日常生活で効果があるとされても、その購入に関しては「公共財」として位置づける事は難しく、「私的財」で対応するようにとなるだろう。

5 ボランティアによる支援

このように「公共財」としてのサービスを活用して、「性的」ニーズを満たすサービスにアクセスすることは難しいとしても、「ボランティア」などの第三者の善意に基づくサービスの提供についてはどうであろうか。税金や保険料といった公費を用いず、プライベート領域である「性」に関する対応について、地域や個人のボランティアで対応するなら問題ないのではないかと。

この場合、直にボランティアとして「性的」サービスを提供するケース、もしくは、福祉施設の職員が時間外に利用者を性風俗に連れていく、成人した身体障害者の母親が息子に同情して性風俗の利用に協力していくなど、「性的」サービスへの橋渡し役的な支援が考えられる。

前者においてはケースとしては少数であり、レアケースとして扱われる。性的サービスを直に、ボランティアとして提供する人は皆無に近いであろう。

後者の場合は、社会的に理解が深まれば、一部の健常者も性風俗に行く傾向があるので、そこへのアクセスに関する支援をボランティアとして担うことはレアケースとならないと思われる。しかし、福祉施設の職員が利用者の意向を汲んで、性風俗へのアクセスにボランティアとして協力した場合、その職員は福祉専門職としての倫理観が問われることになる。

つまり、性的サービスを提供している女性に対する人権や倫理観に関して、一部の福祉専門職にはジレンマが生じるかもしれない。周知のように、日本では売春は非合法であり社会的にも認められていない。風俗営業等の規制及び業務の適正化に関する法律（風営法）は存在しても、厳密にいうと性風俗はグレーな領域といえよう。そのようなサービスを、いくら施設の利用者に頼まれ支援したとしても、そこで働く人の人権を考えるなら、福祉専門職は疑問に感じるであろう。しかも、すべての性風俗で働く人々の中には、精神的な問題を抱えている場合もある。また、その賃金も必ずしも保障されたものではない。

高齢者や障害者において、その「性的ニーズ」に直に応えるには、たとえボランティアが関わり公的資金が使途されていなくとも、その倫理観や社会通念上も問題が生じてしまい、普遍的な支援策に結びつかない。どうしても直に「性的」サービスにつなげるには、普遍化できない障壁が存在する。その意味では、健常者であっても性風俗で遊ぶことは、あまりオープンにはせず友達同士での会話に留める傾向が強い。しかし、競馬や競輪は、性風俗で遊ぶよりは公の話題にしても社会的にも問題がない。

つまり、福祉現場における性的ニーズへの支援方法については誰もが納得できるといった、いわば普遍的な体系化は難しく、援助者（支援者）の個別的な価値観などに依存したスタイルで提供せざるを得ない。これはボランティアであっても同様であり、公共政策という観点から見ると、まして公的資金を用いたサービスは考えられない。

6　厳しい社会保障費問題の壁

（1）課題が多い社会保障

二〇一六年度の予算ベースでの社会保障給付費は約一一八兆円となっており、そのうち高齢者における医療・年金・介護が約七割を占めている。確かに、経済学・財政学的に考えると、社会保障における「給付と負担の世代間格差」は数値的に明確化されている。たとえば、厚生労働省の試算によれば、二〇一〇年時点で七〇歳になる厚生年金加入世帯は、支払った保険料（専業主負担分除く）の六・

五倍の年金給付となるのに対し、三〇歳以下の世帯は二・三倍しか受け取れないとなっている。しかし、このような数値は生活実態とは乖離したものといえるであろう。

二〇一五年、厚生労働省より女性の第一子の平均出産年齢が三〇・七歳と公表された。そうなると、第二子の出産は三五歳前後となるであろう。また、現在の高校三年生の四年制大学進学率は約五〇％であり、専門学校や短期大学を含めると高等教育の進学率はかなりの割合を占める。

確かに、「子育て施策」というと「共働き世帯」支援という観点から、〇歳から就学前後の保育サービスの拡充が焦点化されている。また、若者の雇用情勢や壮年層におけるリストラ問題などを背景に、現役世代における雇用政策の重点化が強調される。ゆえに高齢者分野への社会保障給付費を、若年者層に傾斜すべきとの議論となりがちだ。

（2）少子化問題

しかし、前述のように高等教育への進学率の上昇から子育ては〇歳から二二歳までが基本となっており、しかも、多大な教育費がかかるのは高校生から大学卒業までの期間であることを忘れてはならない。つまり、女性の出産年齢が三〇代となると、その子どもが高校・大学生になる頃には両親の年齢が五〇～六〇代となる。そうなると、その両親は親の介護の問題に直面する時期と重なり、結果的に教育費のかかる子育て時期と、親の介護問題の時期とが重なることになる。

実際、親の介護・看護を理由に五〇代女性を中心に介護離職を余儀なくされる人々が増え続けている。確かに、高齢者自身で自分の所得や資産を活用して息子や娘の支援を得ずに、公的医療及び介護サービスの不足分を補うことが可能な人もいる。しかし、実際には親族に何らかの経済的支援や介護の担い手として依存している高齢者も多い。

いわば高齢者における社会保障給付費が多くを占め、公的サービスが拡充されるのであれば間接的に現役世代や若年層にもメリットとなる。このような「シャドー・ベネフィット」は、経済学や財政学的な数値では明らかとはならない。

(3) 深刻な介護人材不足

安倍政権は「介護離職ゼロ」というスローガンを掲げ、これをアベノミクス第三の矢の一つとして、労働力確保の観点から政策の目玉としている。確かに、年間一〇万人ともいわれる介護離職者が減少すれば、五〇代以降の熟練労働者の退職者を減らすことにつながり大きな意味をもつ。具体的には、介護離職を防ぐ一つの方策として、介護施設を増やして親の介護に不安を持たず安心して働ける環境を整備することが挙げられる。

しかし、昨今、介護施設における「高齢者虐待」の実態が明るみとなっている。専門家である介護士が、暴力、暴言、介護放棄など、素人でも考えられない事件が明るみとなっている。厚生労働省の資料によれば、公式に「虐待」と判断された介護施設における虐待事例は、二〇〇六年度の五四件に対し二〇一五年度四〇八件と約八倍に達している。もちろん、高齢者施設も増加しているため、件数が増えることは致し方ない。しかし、プロの介護士による事例が増え続けている実態は見過ごせない。しかも、このデータは公式に発表されたもので、明るみとなっていないケースは、この数倍と推察される。

同じく厚生労働省の資料によれば（複数回答）、介護施設における虐待の背景としては、「教育・知識・介護技術等に関する問題」が二四六件（六五・六％）で最も多く、次いで「職員のストレスや感情コントロールの問題」一〇一件（二六・九％）、「虐待を助長する組織風土や職員間の関係性の悪さ」二二件（五・九％）となっている。

その意味では、施設側の教育・研修マネジメントにも問題がある。最も根本的な問題の背景には、慢性的な介護人材不足が挙げられる。一部の介護施設を除いて人材不足はかなり深刻で、いくら募集しても介護士が集まらず、数少ない応募者の中でも適正に欠ける人材を雇わざるを得ない。しかも、在宅介護現場と異なり、介護施設の介護士は必ずしも資格がなくとも働けるため、「仕事がないから、嫌だけど、とりあえず『介護』でもするか！」といった、適正に欠ける人材も一部で雇用されているのが実態だ。

昨今、介護士の給与が月一・二万円アップする介護報酬上の措置がなされたとはいえ、全産業の平均年収は四〇〇万円であるのに対し介護士の平均年収は三〇〇万円と、やりがいがあるとはいえ重労働の割に低賃金は否めない。しかも、介護報酬がマイナス改定となり、一部、施設側も研修費などの諸経費を削減する傾向で、十分な教育体制を組めなくなっている。

もし、「介護離職ゼロ」を目指すのであれば、介護施策に十分な財源措置をして問題を一つひとつクリアしていかなければ、単なる掛け声だけになってしまうのではないだろうか。

(4) 優先されるサービスとは

周知のように、訪問介護サービスの時間カットなどの社会保障抑制施策が問題視されている。また、医療制度においてはジェネリック医薬品の普及が促され、生活保護受給額の減額など、歯止めはかからない。

このような中、たとえば、要介護高齢者の訪問介護サービスと「性的」サービスの、どちらを優先に考えるべきかといえば、一〇人中八~九人が訪問介護サービスと答えるだろう。障害者福祉サービスにおいても、各種供給不足もしくは助成額の拡充が求められる中、優先順位は自ずと決まってくる。

確かに、福祉現場における「性的ニーズ」をめぐる問題は深刻だが、公費の投入という観点から見ると、優先順位は低くなる。財源論なくして公的サービスは成り立たない。「性」に関する問題は、私的領域で解決すべきとの意見に多くの人が納得するであろう。

つまり、「社会通念上の規範」において疑義が生じている以上、優先されるべき福祉サービスが存在する限り、「性的ニーズ」の問題は後回しにならざるを得ない。

7 「性的ニーズ」に関するケア・支援に悩む従事者

今後、筆者は高齢者や障害者の支援現場では、性的ニーズへの対応に悩む福祉援助者が増えると考えている。現在はケース数が増えているものの、一定の数には至っていないため、個々の援助者らの話し合いで対応している。しかし、かなりケース数が増えれば、施設や事業所は組織的な対応も考えていかなければならない。

また、特別養護老人ホームにおいて、判断能力がしっかりとした独身男女の利用者間の同意に基づく「性的関係」を認めるべきか否か。特に、ユニット型個室の理念はプライバシーの尊重であり、要介護者高齢者といえども成人した男女の性的行動を阻む権利は、公的介護保険制度に基づく施設内において援助者にあるのか否か。

一方、サ高住であれば、虚弱高齢者や要介護1の判断能力のある男女は、住宅なのだから、当然、性的関係については本人の自由であるべきと考えられるが、そこに関わる援助者らの思いの整理など一定の理解と「性」への考え方を見直していく必要がある。

いずれにしても「完全市場」と「準市場（公費が投入されている市場）」といった財政的な問題も考慮しながら、「性的ニーズ」に関連するサービス提供もしくは利用者間の関係など、どのように対応すべきか悩むケースは増えていくに違いない。

注

（1）筆者によるインタビュー（二〇一四年五月二六日）。
（2）筆者によるインタビュー（二〇一四年五月二七日）。
（3）福岡市障がい者在宅支援課「障害者総合支援法（障がい福祉サービス〔在宅系サービス〕・地域生活支援事業）に関するサービス内容等について」二〇一四年七月。

参考文献

荒木乳根子（二〇〇八）『Q＆Aで学ぶ高齢者の性とその対応』中央法規出版。

第9章　「性的ニーズ」を取り巻く社会環境

——社会福祉の視点から

米村美奈

1　社会福祉における性の捉え方

二〇〇四年に出版された『セックスボランティア』の「あとがき」において「性とは人間の当然の欲求であり、それをタブーの闇に押し込めて、見ないふりをしているのは何かが違うと思い、取材を開始した」と取材・執筆動機が記されており、「性についてなんらかの正しい答えなどはないかもしれない。…（中略）…ただ、それを考え続けていくことに意味があるのではないだろうか」と、さらにそこに取り組む意義を述べている（河合 二〇〇四：二三三―二三四）。

この書籍以前にも、福祉サービス利用者の性をテーマとした書籍は出版されているが、これまで一般向けの書籍の中で、福祉サービス利用者の性が扱われたものは少ない。それまでの性に関する書籍には、障害をもつ自分がその体験を語ったもの等が多く、近年は少しずつ増えているものの、研究者などの第三者が関わったものは少なかった。

そのようなことから、社会福祉学においても研究や学びが浅くなりがちで、他のテーマと比べても深まりが乏しい状況が続いていた。たとえば，二〇〇〇年の介護保険法や二〇一三年の障害者総合支援法の施行後には，多くの関連する書籍が出版され，福祉領域の専門職養成のためのテキストにも取り上げられ，学習すべき課題として多くの頁が割かれている。

しかし，社会福祉学における性の問題は，専門職養成に使用されるテキストにほぼ掲載されることもなく，社会福祉学を学ぶ学生が養成校等で考える機会は，ほとんど設けられていない。強いていえば，個人的にこの内容が特別に重要だと考えている教員が，わずかな時間で教授しているのが実情であろう。

こうした状況の中で，福祉現場における「性」を取り上げている書籍は，少々雑な整理となるが，基本的に「性のノーマライゼーション」を進めることが必要だと主張し，性を「性行為」という狭い意味ではなく，「セクシャリティ」という概念を基に思想的な点をふまえ，幅広い観点から取り上げたものが多い。

さらに，二〇〇一年にＷＨＯ（世界保健機関）で策定されたＩＣＦ（国際生活機能分類）は，国際的な分類法であり，共通言語で心身の健康状態を見ることができるものだが，これには性に関することも記載され，生活において性に関することも重要な機能と捉えられている。ＩＣＦにおいて，性に関するノーマライゼーションが具体的に考えられており，健康状態を見ていく際に生活支援における性への支援も，他との支援と横並びの位置にある。

それでも，前章でも言及されているように，性はあまり公にはしない（できない）ものであり個々人の問題として捉えられており、福祉分野の中でも、一般化、普遍化させて考えられにくく研究も支援方法も発展しにくい現状が続いている。また福祉現場でも、真剣に考え支援の一環として行動すれば困難が予想される問題だけに、「寝た子」なのかどうかの現状はさておき、「寝た子を起こすな」という考え方は依然として根強くある。

さらに、性に関することは、個人の「快楽」であって「権利」として一般的に考えられているとはいえない現状もある。取り上げられることも乏しい中で、本章において改めて、前章までに述べられてきた様々な課題をおさえながら、福祉サービス対象者の一人である障害者や高齢者の性における障壁にはどのようなものがあるのか、それらをまず整理しておきたい。

2　利用者の「性的ニーズ」を取り巻く障壁

(1) 問題視する視点

これまでの章において、障害者や高齢者の様々な性に関する現状や課題を見渡してきた。たとえば、高齢者の性に対するニーズや福祉サービス利用者の性に関するニーズにはどのようなものがあり、福祉現場においてはどのような対応がなされているのか、専門職である支援者が、労働者としてセクシャルハラスメントの被害に遭っている実態や対処の困難性、また、公共政策の観点から性的ニーズをどのように捉えていくのかなど、多くの課題が散見される。

こうした現状の下で、福祉における「性」へのタブー視は減っているといえるだろうか。いえるとしたら、福祉分野で取り上げることが特別に増えているのではなく、一般社会の中で性が語られることが少しずつ許される風潮になりつつあるからだとも考えられる。そうした一般的な流れの中で、福祉分野の中でも多少語られることが増えてきた程度なのではないだろうか。

しかし、たとえ取り上げられても、それは、どこか「問題視」している視点からの主題化のされ方が多い。「人前でのマスターベーション」「望まない妊娠」「認められない恋」「介助が必要な性行為」など、当の利用者ではなく、周囲の人々がそれらの課題をどう解決するかを考えるという対策を練るべき諸問題という見方である。たとえば、高齢者の恋愛は特異なものとして認識されており、身辺自立もままならない状況の中で性的ニーズへの対処は二の次となり、そこへのアプローチは消極的である。

また、福祉分野における（とりわけ）障害者の性の延長線上には結婚や出産が想起され、その生活上の困難性を考えると途端に実践的な課題を前に、関係者はしり込みをする。一般的な認識として、いきなり性から結婚や出産を考える思考も、飛躍気味ではないであろうか。

ここではまず、一足飛びに議論を深めることは難しいので、結婚や出産のテーマを考えていく前に、福祉サービス利用者である障害者における性の障壁を中心にしながら、高齢者に対する障壁についても、これまでの章を踏まえた上で、本章において改めて確認しておきたい。なお、障害者においては、その種別を問わずに様々な障害をもつ人々を前提として、ここでは考えていきたい。

(2)　コミュニケーションスキルを高めていく環境

前述した『セックスボランティア』の冒頭に、脳性まひにより手足が不自由である障害者の竹田芳蔵氏のインタビューにより、明らかにされた現状が記されている。そこには、一五年交際した女性を自死により失った寂しさを紛らわすために、無償で社会福祉士の手を借りて性風俗へ行き、命のリスクを承知の上で酸素ボンベを外して性行為を行うことが語られている。交際していた女性とは肉体関係も持たず、竹田氏は相手の負担になるからと「好き」だという気持ちさえも伝えず、デートの度に「早くいい人を見つけて嫁さんになって」と繰り返し女性に伝えていたという。それは、四〇年前に病死した母親からの「障害者は恋などしてはならない」という教育が強い重しになっていたと思われ、竹田氏の本意ではないことが読み取れる。このような竹田氏の他者との関係に距離をとる生き方は、相手や自らを傷つけまいとする人間関係構築上での防衛手段だったのかもしれない（河合 二〇〇四：二六－三二）。

この書籍で取り上げられていた「性に対する障害者の障壁」の大きな一つが、人間関係構築におけるハンディキャップであろう。機能障害や能力障害のみならず、自らの生活や人生における人間関係の実現が妨げられているといえる。「性」を考える時に相手の存在が極めて重要になるが、その相手との人間関係を構築し深めること自体が妨げられているのである。そこには、差別や偏見も含まれ、個人に属する障害としてではなく人間関係構築における社会的障害といえるであろう。母親の「障害者は恋などしてはならない」という一言は、子どもを傷つかぬように守りたいと心から思うからこその言葉かもしれないが、恋愛における人間関係構築の大きな壁となったのである。

竹田氏のように、この女性と特別に親密な関係であっても、一歩踏み込んだ性的な関係を深めることも、竹田氏の真の気持ちを伝えることさえもできずに、悲しい結果として別れを体験している。また、竹田氏とは異なり、パートナーである相手が存在しない場合は、人間関係を構築し個人的な性的関係を持てる相手に巡り合う道のり自体が、関係性の構築における大きな障害といえるであろう。

さらに、自身が障害をもつ研究者の倉本智明は、性的弱者を生む一つの要因として、障害者のコミュニケーション能力が低いためにパートナーに出会いにくい点を指摘している。その場にふさわしい態度や会話や振る舞いは、実際に様々な人と交わり関係を作る中で獲得される。しかし、「たとえ障害者でなかったとしてもお前に彼女や彼氏はまずできないだろうな、と言いたくなる者が結構いるのだ」と、その現状を手厳しく指摘している（倉本 二〇〇五：一二三）。これは、障害者にとっての関係における社会的障害といえるであろう。

偏見や差別に基づく不平等な社会システムにより、社会的な活動への参加が制限されている。こうした参加の制限により、人との関係を結ぶことができなかったり、先の竹田氏のようにパートナーとの関係を深められない事態が起きている。さらに二次的な障害として、コミュニケーションスキルが磨かれないために、人との関係を構築しにくいという事態が起きるのである。

コミュニケーションは、いくら頭で理解しても実践ができるものではない。陸の上で水泳を学習しても泳げるようにならないのと同じである。より実践的な営みの中で学び取っていくのが人間関係であり、コミュニケーションスキルの向上も同様であろう。

たとえば、社会学者の上野千鶴子は、「恋愛ほど、自分について学べる場所はありません。自分の欲望、愛着、献身、未練、嫉妬、ずるさ、エゴイズム、それに孤独」と述べている（上野 二〇一三：一七）。恋愛から生まれる多くの経験が、相手を想うことを可能にして結果的にコミュニケーション能力の向上につながり、出会いも豊かになる可能性があるという指摘である。こうした機会自体が、福祉サービス利用者は阻害されている可能性が大きい。性を考える時に必要となる他者との関係を構築すること自体に、障壁が立ちはだかっているのである。

障害者同様に高齢者においても、この障壁は同様にあるといえるであろう。高齢になると性に対する意識や意欲は衰えるのが一般的であるとされ、高齢者が性と関わり合う対象とは考えられていないのである。だからこそ、福祉施設内でこれらに関する問題や課題が起きるという想定がないのである。高齢者は、性を意識した人間関係は皆無とも考えられ、そうした気持ちを高齢者自身が表明すること自体がはばかれるのが現状である。それは、「年甲斐もなく」という言葉で表され一掃される事柄なのであり、人間関係構築の障壁ともなりうるのである。

（3）情報弱者になりやすい環境

今は、インターネットの普及により情報の不足は解消された面も多分にあろう。本書執筆の際にインタビュー調査を実施して話を伺った肢体に障害を持つ男性は、性風俗の情報はインターネットから入手できるので便利であると語っていた。しかし、すべての福祉サービス利用者が、そのように感じているわけではない。インターネット自体を使えない場合や使うこと自体に介護が必要な利用者が、介助者に直接、性風俗の情報入手を頼みたくないと考える場合は、情報入手は困難となる。この点は、障害者も高齢者も同様である。

たとえば、一般的に性に関する情報を得ようとする場合、親や教員からではなく、友人などから入手するのがごく普通であろう。性の情報は積極的に求めようとしていなくても、ある年齢になれば交友関係から得られることはまれではない。しかし、施設に入所している障害者が、施設内の限られた交友関係で情報を得ることには困難が伴い、情報自体にも偏りが生じる。

精神障害者の就労支援の経験がある鶴見隆彦は、「男性身体障害者と『性』」の鼎談において、「統合失調症の方でした。『マスターベーションができない。精子が出ない。だから、ぼくは病気です』と言うのです。〝マスターベーションがしたい〟というのではなく、それが自分の症状だと思っていた。彼は友だちも含めた周囲の人と、いわゆるエロ話などをすることもなく、ほとんど性知識を持っていなかったのです」と語っている（玉垣・熊篠 二〇一二：一五八）。

さらにまた情報や知識不足の観点から、「性教育」や「性のしつけ」が、教育の場や家庭において十分になされていない状況も指摘される。特に障害児の場合は、非障害児に比べて保護者の協力や関与が不可欠だという意見もあるが現実的には難しく悩みも大きい。たとえば、子どもの成長過程において、性に関連することを保護者が考えるということを後回しにしたり、遠ざけようとし、家族の中で話題を避けようとする。障害の有無にかかわらず，保護者が子どもに対して性に関する個別的なしつけや教育をすることが一般的とは言い難い状況の中で，障害児の保護者が独自に行うことは現実的には難しい。教師との連携を図りながら教育やしつけを行うことも求められているが，指導時間の不足や同性の保護者が具体的な個別指導を求められても，その方法が教授されないと困難を極めることになる。どのようにしつけや性教育を実施していくのか，その具体的な方法も課題であるが，自ら情報や知識を取得できない者に対するしつけや教育の重みは，さらに増すことになる。

また，情報の少なさやアクセスにおける障壁と性教育が乏しいための知識不足には，関連があろう。寝たきりのために自分の身体を視覚的に捉えられず，自分自身の性器を認知できずにいる場合や，生殖のメカニズムや射精や夢精や生理等々の生理的なことを知らない場合がある。成人を過ぎて施設へ入所するまでに，性教育を受けたことがない利用者も珍しくないということも，よく言われることである。この点から，社会の障害者の性に関する認識の低さも，大きな障壁として存在していることがわかる。

十年以上も前の話になるが，下肢機能に障害をもつ車いすユーザーの女性が，ある疾患の治療の方針として，主治医から「どうせ使わないのだから，子宮を摘出しましょう」と言われたと，筆者の前で涙を流して，その悲しさと悔しさを訴えた姿を昨日の事のように思い出すことができる。優性思想に基づく障害者への性的な規制の思考は，根深く残っているといえるであろう。

このような思考は，福祉サービス利用者（特に障害者）は性に関する欲求などは皆無であるという勝手な判断の上に成り立ち、心ない発言に結びつく。同じようによく引き合いに出されるのは、福祉施設利用者の女性が、生理の始末の介助を受ける度に、「毎月、介護が大変だし、どうせ子宮は必要ないだろう」と辛く当たられる例である。このような心ない言葉は減ってきていると考えたいが、無意識に表明される子宮摘出の声は全くないとはいえない。

こうしたことは、障害者はそもそも「性」とは無関係で生きている人であると、一方的な認識がなされているからこそ起きる問題であろう。どんなに重い障害があっても性的欲求がないとはいえず、個人差はあっても興味や関心が皆無であるわけではない。障害者がセクシャリティを語る場や相談できる場は多く存在しないために、周囲の者が勝手に自らの都合よく解釈しているのである。

こうした中で、障害者に対する勝手な認識から、周囲の支援者などによる非人道的な言動が起こりうる。さらに、社会的に声を上げにくい状況に置かれている障害者が、介護を受けている福祉施設職員から性的被害を受け、声を上げることやその術さえも知らされずに被害を受けている実態が報道される事もある。

（４）支援が管理的になりやすい環境

偏見や差別と一括りにすることもできるだろうが、次の点について、もう少し丁寧に見ていきたい。特に、施設で暮らす障害者や高齢者は、男女間の事や性的な事は集団生活の中で道徳的に問題視され、エチケットの悪さとして取り上げられることが多い。基本的に集団生活であるために、禁欲的な行動を求められているのが一般的である。

さらに、結婚や生殖が前提とならない性は、倫理的に問題があるとみなされている現状がまだまだあるといえよう。異性間や同性間で起こる性的なことは、施設の管理的な責任を追及されることにもなるので、性的行動は未然防止的に抑制する方向の流れがある。したがって、性的ニーズについて、利用者は施設職員へ訴えづらい。私たちの日常生活においても、あまり理解してもらえると思えない相談事は他人にはしないが、それと同じである。

一般的に法に抵触しないのであれば、成人が日常生活において、どのような性行動をしようと干渉されることはまずない。ただし、成人であろうとも障害がある場合、知的にまたは社会的に未熟であれば、性に関する干渉や管理にさらされることになるのである。福祉施設内での性的ニーズに関することは、たとえ成人であっても、高齢者の場合は子どもが、障害者の場合は保護者が登場してくる事があり、高齢者と子ども、または障害者自身と保護者の考えが全く異なることも珍しくない。そのため、そこに関わる福祉施設職員が、その対応の難しさを感じることになる。

福祉施設内では、性的ニーズに関する自己決定などは尊重されにくいのが現状である。保護者は、障害がある自分の子どもには、性的な関係やそうした事柄に巻き込まれずに生きてくれた方が幸せであると考えている場合も少なくない。障害者の親の心理的な子離れは、長く続く介助の中で課題として挙げられるが、性的自立について積極的に考える親の話を耳にすることは中々ない。

特に、軽度を含む知的障害者の女性が、男性との交際を一方的に抑制されることも、しばしば聞く話である。これは、不特定多数の女性と付き合う男性から女性を守るために、どのような場合でも、男性との個人的な付き合いを抑制するという方法でしか、その対処方法が見出しにくいと考えられるからである。行動範囲や行動そのものの抑制をするしか、そうした障害をもつ女性の安全が守れないと考えるのである。安全と引き換えに自由を提供できないと考えるのである。しかし、そこにおける自由について意見交換されることは稀である。

こうして、障害者の自己管理能力や防衛力、判断力が弱い場合に、周囲にいる者は保護する立場で規制的な管理を試みることが多くなるのである。様々な予想される被害から守る事は重要だが、適切な性教育や情報提供、性的自立を目指した支援のあり方を考える土壌が弱いために、規制的な管理を支援として行うのが現状であるともいえる。

社会における人々の抑圧的な視線によって、高齢者や障害者の性をオープンに議論することは難しく、それが高齢者や障害者の性に関する理解や支援的な対応が遅れる障壁の一つとなっているのではないであろうか。そして、こうしたことを第三者が支援することになると、そこに関わる理念や思想を求め問いたくなる。

周囲の者は、なぜこのようなプライベートな課題に、第三者が介入してくるのかといぶかる。介入してくるだけの理念やそこにある思想が問われ、そこで課題となってくる事柄に立場性や責任がもてるのかとも問われることにもなる。障害者の周囲の人々が当事者に近い存在であればあるほど、管理的になりやすくなる例は、枚挙に暇がない。

高齢者の場合は、恋愛関係がたとえ成立したとしても、互いの子どもたちの反対が起こる事も多い。そこには、介護の問題や財産分与の問題が絡んでくるのである。当人同士の問題よりも、周囲にいる者自身の利害が浮き彫りになるのである。介護や財産分与について、自らの問題として考えなければならないと考える子どもは多いだろうが、高齢の親の性に関する問題などにかかわることを、ほとんど想定していないであろう。

多くの人は、親の性に寛容に関わる心の余裕や心構えも持っていないのである。そこに福祉施設職員から、利用者として施設内での恋愛について指摘を受けるようなことがあった場合、どう考えてよいのか戸惑ったり、場合によっては拒否することになる。これは、高齢者自身にとっては、周囲の抑圧的な印象として受け止められるのではないだろうか。

(5) 機能障害

障害や年齢による身体機能は、限りなく個別的な要素が大きい。高齢であったり障害による身体的な不自由が生じるために、自慰行為や性行為に関する介助が必要な場合が多い。本書でも触れているように、近年では、性に関する介助を行うセックスボランティアやセックスヘルパーと称される人々や障害者の性を対象とする専門店も存在し、障害者の人々の性に関する介助も実施されている。また、ボランティアを活用したり個人的に経費をかけることによって、性風俗へ行くためのガイドヘルパーを利用したり、ＡＶの購入に関する支援も行われている。

ただ、日常的な性行動を考えた時の機能的な障壁の幅は非常に広い。性行為そのものだけではなく、スキンシップや自慰行為やデートや相手と愛を語ることや性風俗などを利用する事も含まれている。食事や家事全般に関する介助などと性に関する介助は同様に考えられないために、身体的な機能障害は、利用者本人の中では、より大きく障害として体験されることになる。

脊髄損傷者、脳性まひ、脳血管障害、四肢の切断により行動に障害がある人に対しては、移動に対する介助や性交の体位や自慰の際の自助具の利用や介助といった、行動障害へのサポートが必要である。たとえば、玉垣・熊篠（二〇一二）には、医学的支援や介護方法やそれらに対する考え方などが詳細に記されている。高齢者の場合は、様々な疾患の誘引による勃起障害や勃起不全などの勃起機能の低下による障害を体験する。

このように、個々の障害において介助や支援のあり方は異なり、特に障害者における機能障害は性行動上の大きな障壁である。また、こうした障壁は、高齢者よりも障害者の方が、より日常的な課題としてクローズアップされるのである。

(6) 利用者の自己評価の低さ

障害をもって生まれてきたがゆえに、強く自己否定する障害者がいる。「障害のある自分は一人前ではない」「自分の障害のある身体が好きになれない」という自己否定が、根深く存在することがある。「介助なしで生活できないこの私が、性を享受することなんて社会で認められるはずがない」と話す障害者がいる。人前で話をすることも中々しづらいテーマであるのに加えて、性に関して語ることも許されないと感じている障害者もいる。「『〈障害〉をもって生まれてくると言うことは、初めから自己否定で出発するといっても過言ではない』、それは、障害をもつ人自身が、『自分自身が男だとか女だとかの性という問題を自分自身で否定していくところから始まる』のではないかとし、その背景に、ジェンダー規範に基づいた性別役割分業と、障害者は、それを担えないとされてきたことがあるのではないか」（瀬山 二〇〇五：一五八）とも障害を持つ当事者が語っており、障害を持つ当事者である森脇正は、「障害者自身が、障害をもつ自己を否定する気持ちや、自己を性的な存在として認めていないという否定的な感情を乗り越えることが必要だ」という（瀬山 二〇〇五：一五七‐一五八）。

それは、自分を愛すること抜きに他者を愛し、相手との関係を構築していくことは難しいということにつながるということであろう。そして、自己を抑圧的に受け止めるために自己評価が低いので、性に関する問題提起も障害者本人からしづらい現状となる。こうなることで、自己の性を主体的に考えられない事態となるのである。「セクシャリティは、『恋愛』が成就した暁に相手から与えられるようなものではなく、まず『ひとり』の自分が大切にもっているものであり、自分のセクシャリティに向き合うことで性的主体となれるのだ。現状がどれほど複雑でも、それだけは確認しておきたい」とも言われている（松波 二〇〇五：七五）。

しかし、いくら周りが支援したとしても、利用者本人たちがどうしたいのかを主体的に考え、希望が述べられない限り、どんどん遠ざけられていく。主体的になれない障壁があるがゆえに、主体的になる機会からも遠ざけられ、さらなる障壁となって立ちはだかるのである。

高齢者は喪失期ともいわれ、多くの喪失を経験する。職場からの退職やそこでの収入、子どもの巣立ちや配偶者や知人の死、心身機能の低下、社会的な地位や役割からの引退などである。一般的に、様々なことに別れを告げなければならない状況が生まれてくる年代といえる。このような実態から過度なストレスを感じる高齢者も多く、老年期は、うつ病に罹る因子が増えるとも考えられている。こうした高齢者が自らの主体性を発揮し、性に関することを意思表明していく事自体に困難性が生じることは、容易に想像できるのである。

(7) 環境の不整備

日本の福祉施設の個室化は進む方向にはあるが、障害者施設は多床室がまだまだ一般的である。施設において、一人で自由に使える部屋を持つことは不可能に近い。また、一人になれる部屋の存在が、事故の危険性を高めることになるというリスク回避の考え方もある。しかし、性的なことに限らず、一人で過ごす時間や空間が欲しいと誰もが思うだろうが、それが可能となる環境が用意されている施設はまれである。一人で使用できる個室が用意される場合も、気兼ねなく好きな時に使用目的を問われずに使えるとも限らない。

また、集団で暮らす施設では、許可を必要としたり、使用時間に制限が設けられている場合もある。集団生活上の規則として当たり前だろうが、性行動を考えた時にこのような環境が大きな障壁となっている。福祉施設に、こうした個人の時間を持てるような場を用意するように、障害者自身が要求できるほどの発言権を持つのは難しい。こうした議論自体を展開することが困難なのが、現在の福祉施設の現状である。

本書執筆のための調査でインタビューを行った身体障害者の入所施設の職員から、次のようなことを伺った[(1)]。全身性の障害をもつ入所者の所へ、毎週、障害のある恋人が訪れていた。その入所者から、その恋人と性行為を行いたいので、介助してもらえないかという相談を職員が受けた。しかし、個室の部屋がないということから始まり、職員が業務の介助として行えることなのか、介助自体を男性が行うのか女性が行うのかと考え出せば数多くの問題に直面することを避け、うやむやになってしまったというのである。ケア会議において議論されたり、ケア計画に入るかどうかの検討もなされることはなかった。うやむやにしたのではなく、相談者の入所者があきらめたのが実情ではないだろうか。

もちろん、この課題は、環境の不整備という問題だけが生み出しているとは言い難いが、環境の不整備という側面もあるのは間違いはない。性的なことは、他から遮断された密室の空間が必要とされるということは、説明の必要はないであろう。

また、第8章においてテーマとなっている公共政策の観点から、性的ニーズに関する福祉サービスの利用が可能かという点も考えておきたい。現代の日本において、性に関することは、市民から容認され社会化された事項とは言い難い。したがって、「公共財」として性的ニーズに関する福祉サービスの提供は、社会通念上容認できるものとはいえないと考えられる。

こうしたことから、現代社会においては、福祉サービス利用者は「私的財」を用いて性に関するサービス提供を受けることが妥当と考えられるならば、「私的財」が豊かにある者は性的ニーズを充足するためのサービスを享受できるが、「公共財」のみに頼る経済状況の者はサービス提供を受けられないことになる。性的ニーズを充足するためのサービスを、「公共財」か「私的財」のどちらで受けることが適当かという議論もあるが、こうした社会的な議論を経なければサービス提供がなされないということ自体が、利用者側から見れば障壁といえるであろう。しかし、社会通念上という一般市民からの合意が必要である事柄は、社会的な議論を繰り返し行いながら、時代の流れの中で考えていくことが肝要だろう。

3 障壁を作り出したのは誰か

ここまで示してきた福祉サービス利用者の性的ニーズに関する障壁は、一部にすぎないのかもしれない。さらに、ここで挙げた障壁は単独ではなく、多くの障壁が重なり合って利用者の現状を作り出しているともいえる。障壁は、福祉サービス利用者自身が作り出したというものではなく、社会が作り出した結果による所が多いことに気づく。社会が作り出しているのであっても、こうした障壁についてオープンに考える場や機会が一般社会の中には存在していない。

さらに社会が作り出しているにもかかわらず、その自覚が社会構成員の私たちには全くと言ってよいほど無いのである。ごく限られた支援者などが、正面から向き合いながら知恵を絞っている状況では、障壁の打破は遠い話であろう。社会の中で障壁を障壁として認識されることもなく、語られることがなければ、共通の言語や認識が生まれず、一般社会において理解は得られないであろう。特にプライベート観の強い性に関することは個人的課題として考えられ、福祉専門職もオープンにすることなく対処し、一般化させる課題としてではなく、個人的な問題という認識に基づく対応に終始していることが、多くの事例においても見受けられる。

本書の中においても、支援者が利用者の性的な対応に困っている例が取り上げられているが、当該施設全体としてどう対応していくのかという論議、検討する機会が他の問題と比べて極端に少ない。性を個人的な事と捉える認識や慣習は、他者の介助などを得なければ生活が成り立たない障害者にとって、こうした意識そのものが大きな障壁となるのであろう。生活に制約がある人々が、自由に性を語れる社会ではないということが社会的な議論が遠ざけられている理由であろう。

社会福祉は、社会との関係の中で生きる私たちの生活を、社会機能を利用しながら維持、改善し、一人ひとりの幸せを目指すものである。このように考えると、同じ社会で生きる人に生じている障壁を取り除くことは、皆で善処しようという信念なくしては、その実現は難しい。これは、性の問題だけにとどまることではないことを、改めて考えなければならないであろう。

注

（1） 筆者らによるインタビュー（二〇一五年一月一三日）。

参考文献

上野千鶴子（二〇一三）『身の下相談にお答えします』朝日文庫。

河合香織（二〇〇四）『セックスボランティア』新潮社。

倉本智明編著（二〇〇五）『セクシャリティの障害学』明石書店。

瀬山紀子（二〇〇五）「障害当事者運動はどのように性を問題化してきたか」倉本智明編著『セクシャリティの障害学』明石書店。

大工原秀子（一九七九）『老年期の性』ミネルヴァ書房。

玉垣努・熊篠慶彦編著（二〇一二）『身体障害者の性活動』三輪書店。

松波めぐみ（二〇〇五）「戦略、あるいは呪縛としてのロマンチックラブ・イデオロギー――障害女性とセクシャリティの『間』に何があるのか」倉本智明編著『セクシャリティの障害学』明石書店。

終　章　自己決定を尊重した支援は可能か

米村美奈

1　嘘をついた男性利用者――行きたかったのはレストランではなく性風俗

インタビュー調査の際に、障害者施設の女性介護職員経験者の方から次のような話を伺った[1]。業務外で、職場の施設の入所者である肢体に障害のある車いすユーザーの男性が外食をしたいという希望で介助を頼まれ、いつも依頼されていた業務外の外出ボランティアのつもりで、希望通りに外に介助して一緒にいくと、そこは性風俗だったという。目の前まで来てしまい、ためらいや抵抗を感じたものの、男性利用者の強い希望もあったために性風俗へ介助してお連れしたという。

なぜ、その男性は、嘘をついて連れてきてもらおうとしたのだろうか。そこへ行きたいとストレートに表現した場合は、断られるだろうと考えたのではないだろうか。この男性は、誰にでも頼めることではないと考え、こうした頼みは、入所先の職員のボランティア行動として限られた者にしか頼んでいなかったことが、後でわかったという。この元介護職員（女性）は、性風俗に連れていくこと自体には強い抵抗を示さずに、インタビューに答えて下さった。

それよりも、そうした支援を必要としている現状と、その男性障害者の要望は当たり前であると理解しているように受け取れた。筆者がインタビューした元介護職員（女性）は、偏った考え方や正義を押し付けるような硬さもなく、常に相手の立場になって柔軟に考えることが身に付いているという印象を受ける支援者であった。しかし、施設の職員やヘルパーの活動を行っている方が、誰でもこのような障害者にとっての要望に柔軟な対応や反応を示す方々ばかりではないであろう。たとえば、『障害をもつ人たちの性』の中に、次のような悩みを施設職員が相談している内容がQ＆A形式で記され、その著者が書籍の中で悩みに応えているものがある。次がその部分を抜き出したところである。

Q「わたしは療護施設で指導員をしています。最近になって利用者の一人からソープランドへ連れていって欲しいと頼まれました。個人的にはそのようなところで性欲を満たすことには賛成できないのですが、人それぞれ考え方が違うので行くことに反対できません。どうすればよいでしょうか。」

A「まず、ソープランドに行くことは、わたしも個人的に反対です。しかしながら、この利用者がソープランドへ行きたいと思う気持ちも同じ男として分かるような気がします。ある程度の年齢になればセックスに興味を持つことは当然ですし、様々な理由で機会がないのならば押さえ切れない気持ちになることがあるかも知れない。しかしソープランドの是非には倫理上の問題があることも事実です。

その辺りの事情を障害をもつ本人も含めて十分に理解した上で今回の状況を考えると、例えば「～へ行く」という選択肢が当たり前に存在しているにもかかわらず障害だけが理由で行くことができないのだとすれば、やはりそれは間違ってるし、援助が必要な事柄になってくるでしょう。ただし介助者は意志を持った人間ですから、どうしてもできないこともあるでしょう。そんな時は、なにも本人の考え方を変えるというのではなく、考え方の違いを明確にして十分に話し合うことが必要であると思います。ただし、この手の話し合いにありがちな様子ですが、介助者の側だけが決定権を持つようなことは避け、障害をもつ本人の自己決定が尊重されるように特に配慮してください」。(谷口　一九九三：一〇三)

と、このように著者が回答している。この書籍では、これに関する内容の記述はここで終わるが、ここでその著者が指摘している自己決定について、性の支援の関係から、もう少し詳しく考えてみたい。

2　自己決定とは

まず社会福祉学において、自己決定は、支援対象者の権利としての側面だけではなく原理原則として考えられる。社会福祉学の援助の基本として学ぶものの一つに、バイステックの「ケースワークの原則」がある。ケースワークの原則における自己決定の原則は、人は自己決定を行える生まれながらの能力を備えているという信念に基づき、援助関係を形成する上で重要な七つの内の一つだとされている。そしてバイステックは、次のように述べている。

「クライエントの自己決定を促して尊重するという原則は、ケースワーカーが、クライエントの自ら選択し決定する自由と権利そしてニードを、具体的に認識することである。また、ケースワーカーはこの権利を尊重し、そのニードを認めるために、クライエントが利用することのできる適切な資源を地域社会や彼自身のなかに発見し活用するよう援助する責務をもっている。さらにケースワーカーは、クライエントが彼自身の潜在的な自己決定能力を自ら活性化するように刺激し、援助する責務ももっている」。（Biestek 1957＝1996：165）

このように位置づけられている自己決定は、利用者と支援者の援助関係の中で育まれていくことにより、その原理原則は実践的に展開されていくのである。

さらにバイステックは、「地域にある資源を熟知できるような援助を提供してくれるだろう」（Biestek 1957＝1996：167）と、利用者は支援者に期待し、「選択と決定を自由に行使できるときにのみ、社会的に責任をもち、情緒的に適応しながら人格を発達させてゆくのである」と、人格の成長にまで言及している。しかし、そこには制限も存在するという指摘もなされている。この点についてバイステックは、「クライエントの自己決定を促して尊重するという原則は、もしそのクライエントの権利とそれに対する制限とがうまく均衡しなければ、ただの決まり文句にすぎず、意味を失ってしまう。人が何かを自ら選択し決定する自由は、すべてが許可される免許と同じではない。個人の権利は、社会における他者の権利によって制限されるのである。つまり個人の権利は他者の権利を尊重する義務をともなっている。…（中略）…自分や他者を勝手に傷つけることは許されないのである」（Biestek 1957＝1996：176）と説明し、制限が生じる場合の中に、道徳に反する場合と福祉機関の機能や責務から外れる場合が含まれていると指摘している。このような記述が自己決定の基本的な理解である。

自己決定は、とりわけ障害者福祉では、一九八〇年代の日本での自立生活運動において、障害があっても自分の望む生活を選択し、自立生活を目指す考え方が当事者によって主張され、自己決定や自立がクローズアップされるようになった。自分の希望する生活を成り立たせるために、自己決定は無くてはならない手段であり、権利として当事者から主張されるようになったのである。こうして、「当事者本位」という考え方や、社会福祉基礎構造改革以降では「利用者本位」という概念も当たり前のように使用されるようになった。

そして、その決定における責任上での自己責任が強く確認された契約をした上で、サービスを利用することが強調されるようになった。こうして自己責任が強調された自己決定が、クローズアップされるようにもなったのである。その流れの中で、自己決定は、利用者の権利としても当たり前のように、福祉分野では語られるようになっていったのである。

3　自己決定への支援

福祉実践の中で、支援者は「自己決定の尊重」をするために自己決定できる環境を整え、有用な情報提供をしながら、どのような生活を利用者が営んでいきたいのかが決められる支援が欠かせないのである。一方的に利用者が希望することを待って、その希望や要望通りに実施していくのであれば、専門的な自己決定への支援は必要ないであろう。

利用者が、何らかの事情によって決定することに困難が生じている場合に、自己の生活を自分自身で決定できるように、支援者は関わりながら様々な配慮と支援をしていくのである。言うまでもないが、その決定には、支援者側に決定権があるわけではない。特に、他者の介助なしには生活が成り立たない、または、施設でしか生活できないという選択肢が狭い障害者や高齢者の置かれている背景を十分に考慮した対応をしなければ、決定権を持って主導したつもりではなくても、支援者側に決定の偏りが生じかねないことが起こりうることに注意が必要であろう。支援を実行することで、ややもするとパターナリズムに陥りやすいことへの認識も必要となる。こうした支援者が主体となっているような自己決定への支援に対する課題も考えておきたい。

また、「自己決定の尊重」に重きを置いた支援を考えたとしても、介助者である支援者が「実践すべきではない」「実践に躊躇する」と感じるものや必要ないと考えるものに対し、それでも、その支援者が実施しなければならないとはいえないだろう。たとえば、先の書籍で紹介されていたQ＆Aのように、「ソープランドへ行きたい利用者の希望」をそのまま叶えることに、支援者がその支援内容に疑問をもち、二の足を踏む場合があろう。専門職である支援者自身がしたくないと感じたり不適切だと考える支援が、福祉現場において適切に継続的に、誰にでも実施できる普遍化された支援になっていくとも考えにくい。

支援では、個別性を大事にすることも重要だが、第8章でも触れている支援の普遍性も、一方で考えておくことも必要であろう。こうした視点は、第8章にあった「公共財」としての福祉を考える上で必要となるであろう。支援を展開する場合に、利用者はもちろんであるが支援者の気持ちや考えをも考慮していかなければ、実践は成り立っていかないと考えられる。これは、支援者が支援の展開の中でぶつかる倫理的ジレンマとしての側面もあるだろうが、このような問題こそ、公に論議していく意味があると考えられる。

さらに、この点について、精神保健福祉学の立場から、柏木昭が論じていることを参考にしながら考えてみたい。柏木は、自殺願望のある利用者を例に出し、それに対して支援者であるソーシャルワーカーは、腑に落ちないことをやってはならない事に説得とは異なる「NO」というソーシャルワーカー側の自己開示が必要であり、その関わりの中で支援が始まっていくことを指摘している（柏木 二〇一四：二七八）。先の著書のQ＆Aの回答の中で、「介助者は意志を持った人間ですから。どうしてもできないこともあるでしょう。そんな時は、何も本人の考え方を変えるというのではなく、考え方の違いを明確にして十分に話し合うことが必要であると思います」と著者が答えているように、支援者の考え方や気持ちを伝えた上で支援内容を吟味することが必要なのであり、そこで行われる利用者との対話が支援そのものに発展していくといえるのである。

支援者の気持ちも大切にすると同時に、利用者の気持ちや状況を十分理解すべく、利用者からの話をじっくり聴かなければならない。しかし、「何となくしか説明できない」や「個人的な好みの問題」という理由だけで、利用者の判断した自己決定の要望に応えられないと判断して無視することは、専門職としては許されるわけではない。一人ひとりの生活を豊かにすることを目指す福祉実践では、利用者の生活上に発生したニーズに対し、どのように対応していくのかをないがしろにはできないのである。

4　支援者の自己開示――「性的ニーズ」への対応に求められるもの

ここで、前述した支援者の自己開示の課題について考えてみたい。宮本節子は、語られることが少ない「性の当事者性の課題」について、福祉が性に関することを深められないのは、性の当事者性の問題が理由と指摘している（宮本 二〇一三：九七）。それは、高齢、障害、児童等の福祉施設に勤めている職員は、その入所理由となるものを持たないために当事者ではない、という事である。たとえば、性に関する何らかの課題を持つ利用者がいるとされる婦人保護施設において、性に関する事に携わる際に職員である支援者には性がないとはいえない。誰しもが、性を持つ存在として生きているのである。そうした当事者性を問わずにいるということは、真正面から利用者と性について語り、実践していくことはできず、また、利用者のニーズや課題として取り上げることもできないだろう。対人援助の原理では、当事者性を持つことを重要視している。

支援者は困っている人が目の前にいれば、無関心でいられずに手を差し伸べる。この行為が、他者に対する援助の根本的な動機として存在する。実践家であり社会福祉学者でもある阿部志郎は、「福祉の哲学は、机上の理屈や観念ではなく、ニードに直面する人の苦しみを共有し、悩みを分かち合いながら、その人びとのもつ『呻《うめ》き』への応答として深い思索を生み出す努力であるところに、特徴がある」と述べ、「『呻《うめ》き』を全体的＝全人格的に受けとめ、いかに主体的な自己の存在をあげて対応するかが問われるので、知識や技術をどう活用し生かすかの『態度』と『精神』の問題となる。『呻《うめ》き』は、局部の痛みというより魂の痛みだからである」とも述べている（阿部 二〇〇八：八）。

他者の痛みや苦しみを全人格的に受け止めるとは、他者の痛みをまるで自分の痛みのように感じ取り受け取るという事であり、他者の痛みに共感し思わず手を差し伸べる精神である。他者に対し、当事者性を持って相対することが支援の基盤である。当事者性を持つということは、支援者自身が自分のことを抜きに考えるのではなく、内省する態度が不可欠となるということである。評論する態度で他者を見るのではなく、自分の課題として考える姿勢を支援者が持つことで支援関係が生まれるのである。

利用者の課題において、宮本は「成人男性のいる入所施設で、要望に応じてアダルトビデオを見る手配をしたり、性風俗に連れていく手伝いをすることは先進的な実践であるとし、職員の仕事であり、仕事である以上女性職員もやるべきだと考える場合がある。しかるに、婦人保護施設で利用女性が自慰行為をする用具を希望に応じて配布するのはいきすぎと考えるか。事例の枚挙にはいとまがない。このように、婦人保護施設内で性を課題とするときに、自己と他の職員の当事者性といかに向き合うかが大きな課題となる。自己の性意識をおびやかされず、傷つかずにはすまされない、地雷原を渡るようなものとなる」（宮本 二〇一三：一〇六）と述べている。

さらに宮本は、性に関する課題提起として「課題意識による実践の積み重ねはあまりなく、これからの大きな課題となろう。この実践はおそらく多くの職員が互いに傷つけあうことになる危険性を帯びている。それは、従来婦人保護施設にやって来た利用者が婦人保護施設に身を置いたことで二次的被害を受けなかったとは言い切れない状況が、まさに職員間で再現される可能性があるという意味である。性をめぐって最も厳しい実践に挑戦しなければ、婦人保護施設は売防法の持つ女性差別から脱皮できないのではなかろうか」と指摘している（宮本 二〇一三：一〇七）。実践課題として指摘しているが、これは、支援者の自己開示の課題としても考えられるであろう。

古い時代のように、支援者が自己開示なく深く考えずに利用者の性に課題があるからという理由で施設内に閉じ込めたり、恋愛等の性に関連する行為などを、婦人保護施設では禁止するというやり方が今日まで続くということになる。そのため、「性的な人権」についてもどのように尊重して、豊かな生活を営めるようにどのような実践をしていくかを、追求することが求められるのである。

さらにいえば、性に関する支援は、倫理の問題にも関わる課題であるとも考えられる。言い換えれば、倫理に関わる課題が含まれる実践だからこそ、専門性が問われる重要な問題だともいえるのであろう。

5　利用者の「真」のニーズの追求

ここで支援の専門職の一つであるソーシャルワーカーの職能団体が定めている「ソーシャルワーカーの倫理綱領」を福祉専門職の代表として改めて確認すると、その「倫理基準」には、「I．利用者に対する倫理責任」の一部において次のような規定がある（日本ソーシャルワーカー協会 二〇〇五）。

1．（利用者との関係）ソーシャルワーカーは、利用者との専門的援助関係を最も大切にし、それを自己の利益のために利用しない。
2．（利用者の利益の最優先）ソーシャルワーカーは、業務の遂行に際して、利用者の利益を最優先に考える。
3．（略）
4．（説明責任）ソーシャルワーカーは、利用者に必要な情報を適切な方法・わかりやすい表現を用いて提供し、利用者の意思を確認する。

5.（利用者の自己決定の尊重）ソーシャルワーカーは、利用者の自己決定を尊重し、利用者がその権利を十分に理解し、活用していけるように援助する。

6.（利用者の意思決定能力への対応）ソーシャルワーカーは、意思決定能力の不十分な利用者に対して、常に最善の方法を用いて利益と権利を擁護する。

これに当てはめて考えてみると支援者は、性風俗の利用も利用者に益があれば、専門的な援助関係の中で対応することが求められることになる。利用者がどう生きたいか、性をどのように享受したいのかという希望が明確になれば、それに沿って支援していくことが求められるのである。しかし、そこで性風俗へ行くことを希望していることについて、支援方法や内容を吟味する必要はあるだろう。その吟味する過程に、意味が生まれるのである。

たとえば、第9章の冒頭に紹介した『セックスボランティア』に登場する竹田氏は、交際していた女性を自死により失った寂しさを紛らわすために、性風俗を利用していた。詳細は記述されていないが、前述したように、性欲を満たすためだけに性風俗を利用したいと希望した訳ではないようにも読み取れる内容である。もちろん、性欲を満たしたい希望が全くないというのではなく、あるにはあるが、何か竹田氏が密接な人との関係を求めているようにも感じられる。性欲を満たしたいのであれば、恋人と性的関係を結ぶことが以前からも可能だっただろうと考えられるのである。こうした利用者の「真」のニーズを、十分に支援者と利用者間での対話によって明らかにする必要があると考える。

ソーシャルワークの専門性の基礎を問うことから、佐藤俊一は「援助者が傾聴する態度で自己満足をするのではなく、関係的能力を高めれば相手に応答し、対話できる関係が生まれる。この対話がもたらす可能性は、とても魅力的だ。ともにいる関係のなかで、素通りしてしまうことが確認され、わかろうともしなかったことが、わかる。そのとき、援助者は必要な役割を実践できるのだ」と対話の重要性を指摘している（佐藤 二〇一五：一三五）。

これは、ドイツの哲学者ハーバーマス（Habermas, J.）の言説である「対話的理性」としても説明できるだろう。何かの目的を達成するために大切なのは、相手を説得するのではなく、対等な立場で誠実に相手の話を聞く姿勢を通して解決をしていく考え方である。対話とは、自分と考えや価値観が異なる相手との間でその違いを擦り合わせていくことである。相手を言い負かしたり、説得する事とは異なり、こうした営みの中で相手との違いを認識し、尊重する姿勢が生まれる関係を指すのである。こうしたことが支援関係の中では必要であり、他者理解において対話的関係の構築は重要である。

6　対話による潜在的ニーズの把握

こうした対話が深められれば、求める正確な真のニーズを知ることができる。その結果、性欲を満たしたいというのがリアルニーズかもしれないし、性欲を満たすだけではなく、密接な人との関係を求めていることが明確になるのかもしれない。こうした対話が利用者と支援者間でできる支援関係であれば、性のようなプライベートな事に関する相談や支援が、具体的にできるだろう。対人援助の専門職は、真のニーズや潜在的なニーズを発見していくことが求められるのである。

性に関するニーズといえども、そこには、かなりの多様性が想像できる。マスターベーションや性行為における介助もあれば、他者との親密性や友好性を求めたがゆえのニーズということもあろう。何か生活の中で満たされないことがあることによって、性的ニーズとして表現されることがあるのかもしれない。これは、非常に個別性の高い内容となる。支援者は、表出されるニーズのみに翻弄されるのではなく、そこにある潜在的なニーズを見極めることも大切なポイントである。こうした潜在的なニーズを明らかにしながらの個別的な対応が望まれるのである。そうした支援は、先に指摘した支援者の自己開示が必要であり、自分自身の価値観が明らかにされることにもなりうる厳しい仕事である。

先に取り上げたQ＆Aの場合の施設職員もその著者も、倫理的に性風俗で性欲を満たすことに抵抗を感じ、そこを利用するための支援はできないと悩んでいる。食事や排せつ等は、日常的に生活上必要な支援として、倫理的なジレンマが問われることなく実施されている。しかし、性的な事が絡むと、支援者の価値観が大きく揺さぶられることになるのである。食事や排せつ等の支援とは異なり、性に関することは支援を実施しなくても命に関わることではないと考えられ、支援者の価値観の方を重視した支援が決定される傾向が生じる。

そのため、支援内容代替案や社会資源の開発が、他の支援に比べて弱くなっているという実態がある。だからこそ、この問題は蓋をされがちともなり、選べる社会資源も極端に少なく、資源開発も積極的に行われていない。支援計画の中に、性に関する支援が明確に記されることも乏しい。したがって、それに関する積極的な資源開発がなされることも合わせて乏しくなる。

しかし、それは、利用者のニーズを支援者が真正面から受け止めていないともいえる。利用者と支援者の価値観が異なるからといって、必要な支援を行わない事として済ませる事こそ、倫理的に問われることにもなるだろう。また、利用者が自己決定からの要望を「Ｎｏ」と拒絶するだけで終わらせてしまうことになれば、真に希望するニーズがニーズとして取り上げられるかどうかを、支援者として吟味さえしないことになる。こうした吟味自体を利用者とともにしていくことが対話的な関係構築につながるのであり、専門職として望ましい支援のあり方だと考えられる。

7　支援者が自己決定に「Ｎｏ」ということ

——婦人保護施設のケースを踏まえて

なぜ、利用者が要望する性風俗へ連れていくことに、支援者が抵抗を感じるのかということを、改めて取り上げて考えてみたい。支援者が「何となくとしか説明できない」や「個人的な好み」としての感情論のみではなく、利用者や社会に対する説明の責務が生じるであろう。「Ｎｏ」を表明する福祉専門職には、「Ｎｏ」を表明する理由が存在し、福祉専門職が本気で考えなければならない現実的な課題があるはずである。

本書執筆にあたり、複数の婦人保護施設へ伺った。福祉施設である婦人保護施設とは、売春等の性風俗関係の仕事に関わり生活破綻した女性や、DVや性暴力の被害女性が生活の立て直しを図るために婦人保護所を経由して利用する所である。準拠法である売春防止法により「性行または環境に照らして売春を行う恐れのある女子」を「要保護女子」としてその利用対象者としている。

しかし、売春防止法が成立した一九五六年と制定一〇年後とでは、施設利用者の特徴が異なっている点に、宮本節子は注目している。そして、制定当初から一〇年後では、「売春経歴のないものが多数を占めるようになり、知的程度が低いものが増加している」という統計上の結果が出ているが、合わせて知的障害者や知的障害が疑われる者に焦点を当わせた支援体制整備が、これまでなされてこなかったとも指摘している（宮本 二〇一三：三二）。売春経歴がないものが多数を占めるといっても、二〇〇九年度の婦人保護施設利用者の三割は、何らかの形で売春を体験しており、そのうちの一割は売春を強要されている（宮本 二〇一三：七四）。売春経験者の八割近い利用者が経済的困窮をその動機の理由とし、生きるための生活手段として売春を選択しているのである。さらに経済的困窮のみならず、人間関係における満たされない寂しさや愛着障害の背景を持つ者がおり、また、売春を積極的な選択として捉えている場合も存在し、さらには、暴力に脅かされた状態や監禁同然の状態で金銭搾取も繰り返される実態もある。

話を伺った婦人保護施設で、そこの入所者の多くは知的障害や精神障害があっても、福祉制度の利用者としてそれまで生きてこなかった人の方が多いという実態があった。施設入所の際の判定後に、療育手帳や精神保健福祉手帳を取得することは珍しいことではない。入所前は障害という認識がなされておらず、特別支援学校へ通うこともなく、一般の学校へ通学していた。しかし、高校でつまずき中途退学をしたり、就職するも上手くいかずに長続きせず、親族にも頼れずに次第に性風俗に身を投じるケースが後を絶たない。

そのような女性たちの傷つき体験は、自尊心を低下させ、生活の生きづらさとして現れている。施設に入所後も、自立に長時間かかる場合や精神科受診をしなければならない精神的ダメージを深く負っている場合も多い。こうした女性を婦人保護施設で支援してきた相楽友は、「家出という形で家族から離れていくが、彼女たちは能力的に労働市場や人間関係からはじき出されがちである。彼女たちが人との関係を求めて依存していった場所がホストクラブだったというパターンが非常に多い。そこで性産業に取り込まれ、借金を負わされ、暴力を受け、困窮して婦人保護施設にたどりつく。そういう人が何人もいるのだ。障害があることで暴力を受けたり、障害特性から、くり返し暴力へと近づいていく様相も見られる。理解力の不足からだまされる人もいる。経験したこと以外のことを想像して動くのは苦手なので、他に生きる道があるとは思わず、性産業や暴力的な環境に留まっていた人もいる。性産業や加害男性たちは、意思表示や情報の取捨選択が不得手で、金銭の計算も苦手という障害特性を持つ彼女たちを最も支配しやすい対象としてターゲットにしていると思える」と説明している（相楽 二〇一三：一二〇）。

8　利用者のニーズだけがすべてではない
――婦人保護施設に保護された女性たち

婦人保護施設に保護されてくる女性の平均年齢は四〇代だが、二〇～三〇代が五割を占めている（宮本 二〇一三：六六）。婦人保護施設に辿りつく以前の一〇代の家出少女を取材したルポライター鈴木大介の著書には、一八名の家出少女の性暴力に遭いながらのその壮絶な生が書かれている。その実態を「彼女らは『本来帰属すべき家庭』というものを失った、もしくは初めから持っていない。保護者であるはずの親から受け続けた過度の虐待や育児放棄、そして貧困等の様々な苦痛。その辛苦に耐え兼ねて、彼女らは家から『逃げる』ではなく、家を『棄てる』のだ。彼女らは、明らかにプチ家出の少女たちとは、本質的に違う存在だった。そうして路頭に迷う本気家出な少女たちの多くが、援交＝売春によって生計を立てていた。彼女たちは、言わば日本のストリートチルドレンであり、現代社会の崩壊してゆく家庭の墓標でもある。…（中略）…居場所を失いつつも、『それでも帰らない』を選択した少女らにとって、援交＝売春が泊まる場所を確保するという新しい意味を帯びるようになったのは、本当に皮肉だ。行き場を失った少女を下心つきで泊める『泊め男』も増殖した。そして売春生活で危険な目に遭う少女らに対し、『未成年違法風俗』すらもが受け皿として機能を始めた」と述べている（鈴木 二〇一四：八‐九）。

こうした路上生活同然の少女や、障害によって支援が必要であってもそのニーズさえ認識されずに生きてきた婦人保護施設の利用者の人間としての尊厳ある生活とはいえない生を知る時、福祉専門職は、性欲を満たすためだけに安易に性風俗を利用しようといえるだろうか。人間の尊厳を失わせてまで、自分の快楽を追求することを認められるのだろうか。自己決定に基づく選択として、性風俗の利用を希望する場合に、人権を重んじ人権回復に奔走する福祉専門職が、一方で性の被害の見ぬ振りはできないだろう。

こうしたことに課題を呈しながらも、福祉専門職は、制度ごとに、または分野別に分かれて仕事をすることが多いために、気が付くとタコツボ的な視点になっていることがある。自分の目の前に現れる利用者だけを見ていては、社会全体を見られないのである。現実的に高齢者、障害者、児童とさまざまな分野の利用者に出会うことは日常的に難しいが、せめて福祉内での他分野への意識や知ろうとする態度を持つことが求められるのである。また、福祉分野における他分野交流を心がけながら、幅広い視点から利用者を概観しようとする認識が大切な一歩となるであろう。

9　専門職の責務

全章を通して、まず福祉サービス対象者やその利用者予備軍とも考えられる人々の少数派も含めた現在の性的ニーズや、行動等や市場の現状を整理してきた。そして福祉施設内での現状や、そこで見えてくる課題も丁寧に概観してきた。さらに、福祉サービス利用者における性に関する課題や障壁という観点から、この現状の整理を試みた。こうした事を通し、性に関する福祉サービスは、普遍的なサービスとして成り立ちうるのか問題提起し、そこから、性的ニーズへのサービスに関する公的資金の導入の可能性についても議論しながら、現実的な問題について考えてきた。

また、現在の深刻な介護人材不足の折に、サービス提供の優先順位が下がり、食事や排せつ介助などのように市民権を得て利用できるものとはいえない側面があることも考えてきた。このように見ていくと手詰まり感は拭えないが、専門職の立場からは、対人援助を諦めずに考え続けていくしかないし、それが求められている職種でもあろう。性的ニーズとはいっても、詳細に見ていくと一人ひとり違うニーズが存在する。また、その利用者の置かれた環境や状況も異なるために、十把一からげに語ることだけはしてはいけない。その一人ひとりの個別的な支援を考える鉄則は、性に関する事であろうとなかろうと変わらない。支援の原則に立ち戻りながら、基本からそれることがないように、支援の展開を思考していかねばならないと考える。そしてそこには、資源開発というソーシャルワークの重要な要素も含まれているのである。

注

(1) 筆者らによるインタビュー(二〇一三年八月四日)。

参考文献

阿部志郎（二〇〇八）『改訂版　福祉の哲学』誠信書房。

柏木昭（二〇一四）「クライエントの自己決定の原理」『精神保健福祉』四五（四）、日本精神保健福祉士協会。

佐藤俊一（二〇一五）『ケアの原典Ⅱ』学文社。

佐藤慶幸（一九八六）『ウェーバーからハーバーマスへ』世界書院。

鈴木大介（二〇一四）『家のない少女たち――一〇代家出少女一八人の壮絶な生と性』宝島社。

須藤八千代・宮本節子編著（二〇一三）『婦人保護施設と売春・貧困・DV問題』明石書店。

相楽友（二〇一三）「人は変われる――東京・いこいの家から：障がい者施策の活用を中心に」須藤八千代・宮本節子編著『婦人保護施設と売春・貧困・DV問題』明石書店。

谷口明広（一九九三）『障害をもつ人たちの性』明石書店。

土井文博・荻原修子・嵯峨一郎編（二〇〇七）『はじめて学ぶ社会学』ミネルヴァ書房。

中村健二（一九七五）『性と結婚』ドメス出版。

日本社会福祉士会倫理委員会編（二〇〇七）『社会福祉士の倫理　倫理綱領　実践ガイドブック』中央法規出版。

日本ソーシャルワーカー協会（二〇〇五）「倫理綱領」（日本ソーシャルワーカー協会ＨＰ（http://www.jasw.jp/about/rule/、二〇一七年一〇月二六日アクセス）。

〝人間と性〟教育研究協議会編（二〇〇六）『人間発達と性を育む――障害児・者の性』大月書店。

宮本節子（二〇一三）「差別、貧困、暴力被害、性の当事者性――東京都５施設の実態調査から」須藤八千代・宮本節子編著『婦人保護施設と売春・貧困・DV問題』明石書店。

Biestek, F. P. (1957) *The Casework Relationship*, Loyola University Press.（＝一九九六、尾崎新・福田俊子・原田和幸訳『ケースワークの原則 新訳版――援助関係を形成する技法』誠信書房。）

あとがき

繰り返すが、本書は福祉関連の研究者及びジャーナリストの四人が、幾たびかの意見交換を重ね、併せて現場のヒアリング作業を踏まえて、企画段階から足掛け四年の歳月を費やして公刊に至った。まずは、ヒアリングにご協力いただいた多くの関係者の皆様に深く感謝を申し上げたい。

筆者は、大学で福祉人材の養成に関わるとともに社会保障政策の研究に従事している。その都度、思うことは、福祉人材の養成においては、「性」に関することはほとんど加味されていない、そして、公には政策的視点からも問題視されていないことだ。

しかし、卒業生の介護士らの話を聞くと、現場では「セクハラ」などの問題が多々ありながら、彼（女）らは学生時代ほとんど耳にしたことがなかったため、福祉現場で初めて問題に向き合っている。その意味では、本書を通して高齢者及び障害者福祉分野で働くことを考えている学生の立場で、少しでも現場の「性」の問題を身近に感じてもらえれば幸いである。

また、現在、増え続ける社会保障費の議論の真っ只中にあって、負担と給付の問題を絡めながら、利用者（クライエント）のニーズにおいて何が真髄であるかを考えるきっかけとなれば幸いである。

日々、介護施設や在宅の現場に携わっている福祉援助者らは、「性」の問題において重要だとは感じていても、その解決策を見出せないでいる。公的サービスを利用することもできず、または家族間の接し方など、ジレンマに陥っている援助者も少なくないはずである。

本書で、「性」に関する現場の問題を顕在化させていることは、それなりに意義のあることと筆者らは作業を終えて感じている。その意味では、何らかの解決策の方向性を読者自身で見出していただければ幸いである。

最後に本書の完成に至るまで、多大なアドバイスをいただいた株式会社ミネルヴァ書房の音田潔氏に深くお礼を申し上げたい。氏のご助言なしには公刊に至らなかったであろう。氏の今後の活躍に期待したい。

二〇一七年一二月

淑徳大学研究室にて
結城康博

索　引

あ　行

か　行

さ　行

た　行

な　行

は　行

ま　行

や　行

ら　行

欧　文

執筆者紹介（所属，執筆分担，執筆順）

結《ゆう》城《き》康《やす》博《ひろ》（淑徳大学総合福祉学部教授：序章・第８章）

後《ご》藤《とう》宰《ただ》人《ひと》（株式会社講談社週刊現代編集部専属記者：第１章・第２章・第５章）

武《たけ》子《し》　愛《あい》（人間総合科学大学非常勤講師：第３章・第４章・第６章・第７章）

米《よね》村《むら》美《み》奈《な》（淑徳大学総合福祉学部教授：第９章・終章）

福祉は「性」とどう向き合うか
——障害者・高齢者の恋愛・結婚——

2018年2月25日　初版第1刷発行　〈検印省略〉

定価はカバーに
表示しています

著　者　結城康博・米村美奈
武子　愛・後藤宰人

発行者　杉　田　啓　三

印刷者　坂　本　喜　杏

発行所　株式会社　ミネルヴァ書房
〒607-8494　京都市山科区日ノ岡堤谷町1
電話代表　(075)581-5191
振替口座　01020-0-8076

冨山房インターナショナル・清水製本

ISBN 978-4-623-08169-1
Printed in Japan